10/20/97
$7.95

DATE DUE

GAYLORD			PRINTED IN U.S.A.

CONSEJO EDITORIAL

Gloria Estefan

Rebecca Stefoff
Traducción por
Francisca González-Arias

CHELSEA HOUSE PUBLISHERS
NEW YORK ■ PHILADELPHIA

CHELSEA HOUSE PUBLISHERS

Director editorial: Richard Rennert
Editor gerente ejecutivo: Karyn Gullen Browne
Jefe de redacción: Robin James
Jefe de fotografías: Adrian G. Allen
Director de arte y diseño: Robert Mitchell
Administrador de fabricación: Gerald Levine

HISPANOS NOTABLES
Editor supervisor: Philip Koslow

Equipo editorial para GLORIA ESTEFAN
Redactor: Joseph Roman
Diseño: Lydia Rivera
Asistente de redacción: Annie McDonnell
Investigación fotográfica: Joan Beard
Ilustración de la portada: Rodrigo Sanz

Primera edición

1   3   5   7   9   8   6   4   2

Library of Congress Cataloging-in-Publication Data
Stefoff, Rebecca, 1951–
[Gloria Estefan. Spanish]
Gloria Estefan / Rebecca Stefoff; traducción por Francisca González-Arias.
p. cm.—(Hispanos notables)
Includes discography (p.), bibliographical references (p.), and index.
ISBN 0-7910-3103-9
1. Estefan, Gloria—Juvenile literature. 2. Singers—United States—Biography—Juvenile literature. [1. Estefan, Gloria—Juvenile literature. 2. Singers. 3. Cuban Americans—Biography. 4. Rock music. 5. Women—Biography. 6. Spanish language materials.] I. Title. II. Series: Hispanics of achievement, Spanish.
ML3930.E85S718 1994
782.42164'092—dc20
94-12186
[B]
CIP
AC MN

CONTENIDO

CÉSAR CHÁVEZ
Líder obrero mexicanoamericano

ROBERTO CLEMENTE
Jugador puertorriqueño de béisbol

PLÁCIDO DOMINGO
Cantante español

JUAN GONZÁLEZ
Jugador puertorriqueño de béisbol

GLORIA ESTEFAN
Cantante cubanoamericana

FRIDA KAHLO
Pintora mexicana

PABLO PICASSO
Artista español

DIEGO RIVERA
Pintor mexicano

JUNÍPERO SERRA
Misionero y explorador español

PANCHO VILLA
Revolucionario mexicano

CHELSEA HOUSE PUBLISHERS

HISPANOS NOTABLES

Rodolfo Cardona

El idioma español y muchos elementos de las culturas hispánicas son parte integral de la cultura actual de los Estados Unidos como igualmente lo fueron desde los comienzos de esta nación. Algunos de estos elementos provienen directamente de la Península Ibérica; otros, indirectamente, de México, del Caribe, y de los países de la América Central y la América del Sur.

La influencia de las culturas hispánicas en los Estados Unidos ha sido tan sutil que muchas personas no han percibido la profundidad de su impacto. La mayoría reconoce la influencia de la cultura española en los Estados Unidos, pero muchas personas no han llegado a darse cabal cuenta de la gran importancia y larga historia de esa influencia. Eso se debe en parte a que en los Estados Unidos se tiende a juzgar la influencia hispánica sólo en términos estadísticos, en lugar de observar detalladamente el impacto individual que algunos hispanos han tenido en esta cultura.

Por lo tanto, resulta lógico que en los Estados Unidos se adquiera algo más que un conocimiento superficial de los orígenes de estos elementos culturales hispánicos y de que se llegue a comprender mejor cómo estos elementos han llegado a formar parte integral de la sociedad estadounidense.

Existe abundante documentación que prueba que los navegantes españoles fueron los primeros en explorar y colonizar territorios que hoy se conocen con el nombre de los Estados Unidos de América. Es por esta razón que los estudiantes de geografía descubren nombres españoles por todo el mapa de los Estados Unidos. Por ejemplo, al Estrecho de Juan de Fuca se le dió ese nombre en honor al explorador español que primero navegó por el Pacífico en las costas del noroeste. Muchos de los nombres de los estados son de origen español, tales como Arizona (zona árida), Montana (montaña), la Florida (llamado así porque el día en que los exploradores españoles llegaron por primera vez a ese territorio fue un domingo de Pascua Florida), y California (nombre de un país ficticio en una de las primeras y famosas novelas españolas de caballeros andantes, el *Amadís de Gaula*), así como muchos de los nombres, también de origen español, de montañas, ríos, desfiladeros, pueblos y ciudades de los Estados Unidos.

Aparte de los exploradores, muchas otros personajes en la historia de España han contribuido a definir la cultura de los Estados Unidos. Por ejemplo, Alfonso X, también llamado Alfonso el Sabio y rey de España durante el siglo XIII, tal vez sea desconocido para la mayoría de los estadounidenses, pero su labor de codificación de las leyes de España ha tenido gran influencia en la evolución de las leyes de los Estados Unidos, particularmente en las jurisdicciones del suroeste del país. Por esta razón hay una estatua de este rey en Washington, D.C., en la rotonda de la capital. También el nombre de Diego Rivera tal vez sea desconocido para la mayoría de los estadounidenses, pero puede verse la influencia de este pintor mexicano en las obras comisionadas durante la Gran Depresión y la era del Nuevo Trato de los años treinta que hoy adornan las paredes de los edificios del gobierno en todos los Estados Unidos. En años recientes, la contribución de puertorriqueños, mexicanos, mexicanoamericanos (chicanos) y cubanos en ciudades como Boston, Chicago, Los Angeles, Miami, Minneapolis, Nueva York y San Antonio, ha sido enorme.

La importancia del idioma español en este gran complejo cultural es incalculable. Hay que tener en cuenta que, después del inglés, el español es el idioma occidental que más se habla, tanto dentro de los Estados Unidos como en el resto del mundo. La popularidad del idioma español en el territorio de los Estados Unidos tiene una larga historia.

Aparte de los exploradores españoles del Nuevo Mundo, la gran tradición literaria de España contribuyó a traer el idioma y la cultura española a este continente. El interés por la literatura española en lo que hoy son los Estados Unidos comenzó cuando los inmigrantes ingleses trajeron consigo traducciones de las obras maestras españolas de la Edad de Oro. Ya en el año 1683, en bibliotecas privadas en Filadelfia y Boston existían copias de la primera novela picaresca, *Lazarillo de Tormes;* traducciones de *Los Sueños* de Francisco de Quevedo; y copias de la épica inmortal, fantástica y realista a la vez, *Don Quijote de la Mancha,* del gran escritor español Miguel de Cervantes. Es muy posible que Cotton Mather, el puritano por excelencia, haya leído *Don Quijote* en la versión original española, aunque fuese con objeto de aumentar su vocabulario para escribir *La fe del cristiano en 24 artículos de la Institución de Cristo, enviada a los españoles para que abran sus ojos,* publicado en Boston en 1699.

A través de los años los escritores españoles han tenido gran influencia en la literatura de los Estados Unidos, en novelistas tales como Washington Irving, John Steinbeck, Ernest Hemingway, y hasta en poetas como Henry Wadsworth Longfellow y Archibald MacLeish. La tradición literaria española ha dejado su marca en escritores norteamericanos de renombre como James Fenimore Cooper, Edgar Allan Poe, Walt Whitman, Mark Twain y Herman Melville. En algunos escritores como Willa Cather y Maxwell Anderson, que exploraron temas hispánicos a los que estuvieron expuestos en la región suroeste de los Estados Unidos y México, la influencia fue menos directa pero no menos profunda.

Otras personas menos conocidas pero amantes de la cultura hispánica, tales como maestros, impresores, historiadores y negociantes entre otros, hicieron también importantes contribuciones a la difusión de esta cultura en los Estados Unidos. Entre estas contribuciones, una de las más notables es la de Abiel Smith, quien legó un número de acciones por valor de $20,000 a la Universidad de Harvard, de donde se había graduado en 1764, para la creación y mantenimiento de una cátedra de francés y español. Hacia el año 1819 esa donación ya estaba produciendo lo suficiente para cubrir los gastos de un profesor. El filólogo y humanista George Ticknor fue el primero en ocupar la cátedra Abiel Smith, que fue la primera cátedra dotada de la Universidad de Harvard. Otras personas ilustres que han ocupado esa cátedra son los poetas Henry Wadsworth Longfellow y James Russell Lowell.

Ticknor, profesor y hombre de letras de gran renombre, era también un ávido coleccionista de libros españoles, y así contribuyó de manera muy special al conocimiento de la cultura española en los Estados Unidos. Fue responsable de reunir una de las primeras y más importantes colecciones de libros españoles para las bibliotecas de Harvard. Tenía además una valiosa colección privada de libros y manuscritos españoles, los que luego donó a la Biblioteca Pública de Boston.

Con la creación de la cátedra Abiel Smith, cursos de español y de literatura española formaron parte del programa de estudios de Harvard. Harvard también llegó a convertirse en la primera universidad de los Estados Unidos en ofrecer estudios avanzados en lenguas romances. Paulatinamente otros colegios y universidades en los Estados Unidos siguieron el ejemplo de Harvard, y hoy en día se puede estudiar el idioma español y la cultura hispánica en la mayoría de las universidades de los Estados Unidos.

Cualquier discusión por breve que sea sobre la influencia española en los Estados Unidos no estaría completa sin mencionar la influencia hispánica en las artes plásticas. Pintores del calibre de John Singer Sargent, James A. Whistler, Thomas Eakins y Mary Cassatt exploraron temas españoles y experimentaron con técnicas españolas. Hoy en día, prácticamente todos los pintores serios de los Estados Unidos han estudiado las obras maestras clásicas de España al igual que las de los grandes pintores españoles del siglo XX: Salvador Dalí, Juan Miró y Pablo Picasso.

Sin embargo, probablemente ha sido la música latina la que ha ejercido más influencia en los Estados Unidos. Dos ejemplos obvios los tenemos en composiciones como *West Side Story,* de Leonard Bernstein, la latinización del *Romeo y Julieta* de Shakespeare en un barrio puertorriqueño de Neuva York; y *Salón México,* de Aaron Copeland. En general, la influencia de los ritmos latinos—del tango al mambo, de la guaracha a la salsa—se perciben en prácticamente cualquier forma de música en los Estados Unidos.

Esta serie de biografías que Chelsea House ha publicado bajo el título general HISPANOS NOTABLES, representa un reconocimiento más de la contribución de las culturas hispánicas no sólo en los Estados Unidos sino en todo el mundo civilizado, así como también un renovado esfuerzo por difundir entre la juventud de los Estados Unidos el alcance de esta contribución. Los hombres y las mujeres a quienes se dedican los volúmenes de esta serie han tenido gran éxito en sus respectivos campos y han dejado una marca indeleble en la sociedad estadounidense.

El título de esta serie debe considerarse de la forma más amplia posible. Por *hispanos* deben de entenderse españoles, hispanoamericanos, y personas de otros países cuyo idioma y cultura tienen origen español, ya sea directa o indirectamente. Los nombres de muchas de las personas incluidas en esta serie son muy conocidos; otros lo son menos. Sin embargo, todos se han distinguido en sus patrias respectivas y, en muchos casos, su fama es internacional.

La serie HISPANOS NOTABLES se refiere a los éxitos y a las luchas de hispanos en los Estados Unidos y trata de personas cuya vidas privadas o profesionales reflejan la experiencia hispánica en un sentido más general. Estas historias ejemplifican lo que el ser humano puede lograr frente a grandes dificultades, haciendo enormes sacrificios personales, cuando tienen convicción y determinación.

Fray Junípero Serra, el misionero franciscano español del siglo XVIII, es uno de esos personajes. A pesar de no haber gozado de buena salud, dedicó los últimos quince años de su vida a fundar misiones en California, por aquella época un territorio vasto pero poco habitado, a fin de lograr una vida mejor para los americanos nativos, enseñándoles artesanías y la cría de animales domésticos a los habitantes nativos. Un ejemplo de los tiempos actuales es César Chávez, líder obrero mexicanoamericano que ha luchado contra una oposición enconada, haciendo toda clase de sacrificios personales para ayudar a obreros del sector agrícola que han sido explotados por décadas en las plantaciones del suroeste del país.

Los hombres y mujeres de estas historias han tenido que dedicar gran esfuerzo y mucho trabajo para desarrollar sus talentos innatos y hacerlos florecer. Muchos han disfrutado en vida del éxito en sus labores, otros han muerto pobres y olvidados. Algunos llegaron a su meta sólo después de muchos años de esfuerzo, otros han disfrutado del éxito desde temprano, y para algunos la lucha no ha terminado. Todos ellos, sin embargo, han dejado su marca, y debemos reconocer sus éxitos en el presente así como en el futuro.

Gloria Estefan

"¡ME HE FRACTURADO LA ESPALDA!"

Gloria Estefan se reúne con el Presidente George Bush en la Casa Blanca el 19 de marzo de 1990. Durante la visita de Estefan, el Presidente la elogió por su campaña de carteleras en que les advertía a los jóvenes sobre los peligros del abuso de drogas. El día siguiente, en camino a un concierto, Estefan sufrió un accidente de carretera en que casi muere.

Estaba nevando en Pennsylvania el 20 de marzo de 1990. En la parte este del estado, cerca de un pueblo llamado Tobyhanna, no muy lejos del límite con el estado de Nueva York, la autopista I-380 se desliza por la cadena de montañas Pocono, dejando atrás promontorios de granito y cumbres cubiertas de árboles. Ese día, el viento dispersaba las ráfagas de aguanieve por la autopista y la humedad se congelaba, convirtiéndose en manchas heladas, resbaladizas, sobre la superficie oscura de la pista.

En un fin de semana típico de invierno, la autopista I-380 está atestada de viajeros alegres procedentes de Filadelfia y de Nueva York con rumbo a los lugares de recreo de los Pocono; con los esquíes sujetados a los techos de los automóviles. Pero éste era un martes y el tráfico consistía casi exclusivamente de camiones grandes, o trailers llevando carga. Entre dos trailers en el carril en dirección al oeste había un autobús particular llamado Odisea.

Había media docena de personas a bordo del Odisea ese día. El autobus para giras había sido alquilado por la cantante pop de 32 años, Gloria Estefan y su marido y manager de 37 años, Emilio Estefan, Jr. El hijo de ambos, de 9 años, Nayib; la maestra particular de Nayib, Lori Rooney; y la ayudante de Gloria Estefan, Jelissa Arencibia, también estaban a bordo. Su destino era Syracuse, Nueva York, donde Gloria Estefan y su marido y su grupo, el Miami Sound Machine (Máquina de Sonido de Miami, o MSM) se habían comprometido para actuar en un concierto.

Marzo había sido un mes agotador pero emocionante para los Estefan. Desde principios de mes, MSM había estado viajando con motivo de la gira titulada "Ponte de pie," llamada así por una de las canciones de su álbum más reciente. Todas las funciones estaban agotadas, y el álbum—titulado *Cuts Both Ways* (Corta por los dos lados)—era un éxito en todo el mundo. Se hablaba de llevar la gira a Suramérica después de concluir en Ohio al final de marzo. Los videos del álbum aparecían a menudo en muchas cadenas de televisión dedicadas a la música. Algunos de estos videos destacaban la imágen de una Gloria Estefan esbelta y elegante, canturreando baladas románticas compuestas por ella; en otros aparecía dando brincos atléticos por todo el escenario, cantando las bailables melodías de inspiración latina propias de MSM. Estefan acababa de concluir una campaña de carteleras en que prestaba su conocido rostro a la lucha contra la droga, en que le decía a los jóvenes, "Si necesitas a alguien, llama a un amigo. Dí no a la droga." Precisamente el día anterior los Estefan habían sido recibidos en la Casa Blanca, donde el Presidente Bush le había felicitado a Gloria por su labor contra los drogas.

La fama y el renombre se habían hecho esperar. La historia de Gloria Estefan no era la de alguien que había triunfado de la noche a la mañana; sino la de una luchadora que había superado obstáculos. Sus padres fueron refugiados políticos que la habían traído de Cuba a los Estados Unidos cuando tenía menos de dos años. Como una hispanoparlante en el sur estadounidense, luchó contra la inseguridad y la angustia de sentirse forastera; y, cuando adolescente, cargó con la obligación de cuidar a ambos su hermana menor y su padre inválido. Después de que conoció a Emilio Estefan y formó parte de su grupo como cantante, la orquesta pasó una década actuando y grabando en español—primero en fiestas y en clubs pequeños; después en teatros cerca de su lugar de residencia en Miami, Florida, y a lo largo de Latinoamérica. A través de los años, MSM se hizo popular con el público latino y se convirtió en uno de los grupos más exitosos en Centroamérica y América del Sur. Ahora, que su cuarto LP en inglés se encontraba en los primeros números de las listas a lo largo de todo el mundo, Estefan había comprobado que podía atraer a oyentes de todo tipo, no sólo los que compartían sus raíces latinas—aunque seguía siendo espectacularmente popular entre los cubanoamericanos y los demás aficionados de orígen latino. Había llegado al nivel de estrella. El 20 de marzo sólo le faltaba un poco más de una semana para poder posar los pies y relajarse por unos días.

Poco después de que el autobús salió de Nueva York, Estefan decidió dormir una siesta para estar bien descansada para el concierto de esa noche. Se echó en un sofá empotrado e introdujo un videocasete en el video del autobús—uno que según ella era "la peor película de espías que teníamos"—sabiendo que le serviría de somnífero. Se durmió una hora más tarde. Nayib estaba estudiando con su maestra en la parte de

atrás del vehículo; en la parte delantera, Emilio estaba hablando por teléfono, llamado por Gloria "su casa lejos de casa."

Aproximadamente 45 minutos más tarde, se despertó. Había estado haciendo un día claro con un sol resplandeciente cuando ella se acostó, pero el tiempo había cambiado de forma dramática mientras dormía. Ahora el cielo estaba de un gris oscuro y nevaba. Se dio cuenta por qué se había despertado—el autobús se había parado. Emilio estaba de pie, no muy lejos de Gloria, en la caja de la escalera hablando por teléfono con la secretaria del grupo en Miami. Le estaba diciendo que el autobús se había detenido porque había un accidente un poco más adelante en la autopista.

Según la Policia Estatal de Pennsylvania, un camión grande o trailer se había doblado en el medio, atravesando la autopista, deteniendo el tráfico. El trailer delante del autobús de los Estefan se había parado y asimismo el autobús; hacía tres minutos que el vehículo aguardaba con el motor encendido, esperando que se despejara la carretera. Guerriero recor-

Miembros del equipo de rescate se reúnen en el lugar del accidente de Gloria Estefan, en la Autopista I-380 en Pennsylvania. Un trailer (derecha) chocó contra la parte posterior del autobús de gira de Estefan, el Odisea (izquierda). El impacto del choque arrojó el autobús hacia delante contra un segundo trailer.

daría que Emilio Estefan le había estado describiendo el paisaje: "Me estaba contando que nevaba y lo bonito que estaba todo. Estábamos hablando y, de repente, se cortó la comunicación."

La conversación telefónica de Emilio Estefan se cortó en medio de una frase a las 12:15 del mediodía cuando un trailer chocó con la parte de atrás del Odisea. A Gloria le pareció "como una explosión." El impacto la tiró del sofá—el autobús no estaba equipado con cinturones de seguridad. En ese momento entró en un mundo de dolor intenso. Sintió un picazón extraño en la boca, algo que describiría como un sabor "eléctrico" o "metálico," y supo inmediatamente que algo estaba muy mal. Gritó, "¿Qué pasó?" Antes de que Emilio pudiera contestarle, el autobús fue sacudido por otro choque. El primer impacto había arrojado el Odisea hacia delante, y ahora la parte delantera chocó con el trailer que estaba

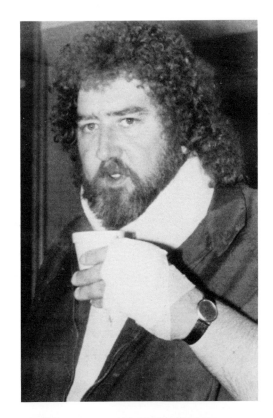

Ron "Oso" Jones estaba al volante del Odisea cuando el autobús sufrió un choque en la parte posterior. Afortunadamente para Jones, se inclinó enseguida para ayudar a Emilio Estefan; si no hubiera hecho eso, Jones posiblemente habría sido lesionado de gravedad o muerto cuando se hundió la parte delantera del autobús.

parado delante del autobús en la autopista. Gloria supo
después que el primer choque, el que le había tirado
al suelo, había sacudido a Emilio con tal fuerza que
quedó descalzo. En el instante entre el primer y el
segundo impacto ella volvió la vista hacia arriba y vió
al conductor del autobús, Ron "Oso" Jones, inclinarse
de lado para ayudar a Emilio. Probablemente ese gesto
le salvó la vida porque cuando el autobús chocó con
el camión que estaba delante de él, el lado del conductor se hundió completamente. "En el espacio donde
hacía pocos segundos había estado la cabeza de Oso
había ahora un agujero enorme y aunque estaba pren-
sado detrás del volante, estaba vivo," recordaría Estefan. Se había arrancado una parte tan grande del
autobús que la nieve estaba cayendo dentro de él.

Gloria tenía miedo de moverse. Se dió cuenta de
que estaba acostada en el suelo del autobús, y que le
cubrían los objetos que habían sido arrojados por
todas partes de la cabina por el impacto de los dos
choques. Vió que su marido, que temblaba aún, le
miraba con ansiedad y le dijo, "¡Se me ha fracturado la
espalda!" Emilio quiso tranquilizarla, recordándole
que durante una temporada había sentido dolor por
un pinzamiento de nervio en los riñones. "No, chica,
no te preocupes, no es más que un estiramiento
muscular," le dijo, pero Gloria sabía por el dolor y el
picazón que sentía en la boca que no se trataba de una
cosa tan sencilla como un dolor de espalda. Emilio
corrió a la parte de atrás del vehículo para ver cómo
estaba Nayib; y entonces vino un momento terrible
para Gloria: Oyó a su marido llorar y temió que su
hijo estuviera gravemente herido o algo peor. Emilio
encontró al niño en el suelo, medio enterrado por una
avalancha de carteras, libros y bolsas que le habían
caído encima de los estantes. Tenía el hombro agar-
rado—se le había roto la clavícula—pero estaba vivo y
consciente. Emilio lloraba de alegría.

Todos los demás en el autobús habían tenido sólo heridas de menor importancia. A pesar de su dolor físico, Gloria también sintió una ola de alivio. "Con Nayib y Emilio sanos y salvos," dijo, "yo sabía que podía aguantar todo lo que pudiera pasar."

Nayib se movió hacia adelante para que pudiera sentarse en el sofá cerca de su madre y tenerle de la mano. Gloria intentó mantenerse tranquila y dominarse para que Nayib creyera que ella iba a estar bien. Mientras hablaba con su hijo, se dió cuenta que podía mover los pies y las piernas un poquito. Esto le tranquilizó: si estuviera paralizada, razonó, no podría ni moverse ni tener sensación alguna. En ese momento, una mujer que había estado en uno de los automóviles parados a causa del accidente vino corriendo al autobús y explicó que era enfermera. "¿Hay heridos?" preguntó. Gloria le dijo que creía que se había fracturado la columna y la enfermera ordenó, "Por lo que más quieras *¡no te muevas!*"

El dolor empeoró. Gloria sentía un dolor particularmente agudo que parecía extenderse desde la espalda hasta las piernas. La piel de las piernas se hizo extraordinariamente sensible—hasta el tacto de una sábana extendida sobre ella le dolía. Mientras seguía acostada, agarrada a la mano de Nayib, podía oír a la gente que corría y gritaba, buscando ayuda. Entonces le dijeron que la clínica más cercana estaba en Scranton, a una hora de distancia aproximadamente, y que le podría llevar hasta dos horas a una ambulancia alcanzar el autobús a causa del atasco causado por el accidente.

A pesar de su resolución de ser valiente, los ojos de Gloria se le llenaron de lágrimas. Se preguntaba si podría aguantar el dolor acuciante. Quería seguir moviendo las piernas un poco, sólo para asegurarse que no estaba paralizada. Pero sabía que el más ligero movimiento podía seccionar

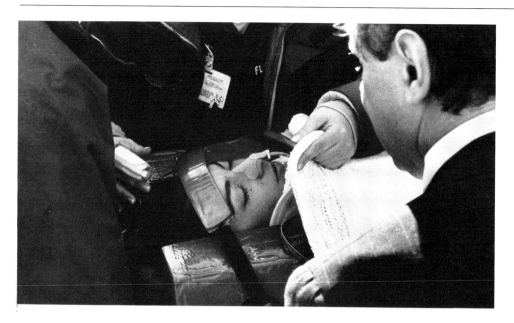

la médula espinal. Por lo tanto, estaba obligada a permanecer completamente inmóvil.

Cogida de la mano de su hijo, Estefan se recordó de algo que había aprendido en las clases de preparación al parto antes del nacimiento de Nayib—algo que pensaba le ayudaría a aguantar el dolor. Fijó la vista en un punto en el techo y empezó a concentrarse en él, intentando no pensar en nada. Este ejercicio mental le ayudó a mitigar el dolor, pero sólo un poco. "la verdad es que perferiría dar a luz a diez niños seguidos, que aguantar otra vez ese tipo de dolor," diría más tarde. Y no podía vaciar la mente de lo que más temía—la idea de quedar paralizada, de nunca más volver a moverse.

El equipo médico llegó casi una hora después del accidente. Cuando el primer ayudante de la ambulancia se subió al autobús y llegó hasta Estefan, le preguntó su nombre. Cuando se lo dijo, le gritó a sus colegas, "¡Dios mío! ¡Tenemos una persona famosa aquí!" Estefan pidió calmantes pero los enfermeros le dijeron que no podían administrarle ningún medi-

Gloria Estefan es llevada a una ambulancia que la esperaba en el lugar del accidente en la Autopista I-380. A causa de un atasco de circulación masivo, la ambulancia no pudo alcanzar a Estefan hasta una hora después del choque. Estefan padecía un dolor horrible debido a la fractura de la columna vertebral, pero tuvo la presencia de ánimo para permanecer inmóvil hasta la llegada de ayuda.

camento hasta que le hicieran los análisis en el hospital: Los calmantes podrían interferir con los esfuerzos
de los médicos para evaluar la lesión que había pade-
cido la columna. Entonces empezaron con cuidado a
sacarla del autobús.

"El dolor era casi insoportable mientras me su-
jetaban a una tabla y me sacaron por el agujero que
había sido el parabrisas," recuerda Estefan. "Podía
sentir los copos de nieve en mi rostro y ver a la gente
que me miraba sobresaltada." La tuvieron que sacar
por el parabrisas porque la puerta del autobús estaba a
unos pocos centímetros de una cuesta empinada que
estaba helada y resbaladiza. Los enfermeros la subieron
a la ambulancia lo más pronto posible y salieron hacia
Scranton, la sirena a todo volumen. Estefan luchaba
contra el dolor, diciéndose constantemente que sobre-
viviría.

Cuarenta y cinco minutos más tarde la ambulancia
frenó delante del Centro Regional de Traumatología
del Centro Médico de la Comunidad de Scranton y
Estefan fue llevada apresuradamente al salón de ur-
gencia. Los médicos le sacaron rayos X de la espalda y
le practicaron una tomografía axial computarizada
(llamada también TAC, o scanner), que produce una
imágen similar a la de un rayo X pero más completa.
Después, por fin, los médicos le dieron a Estefan una
inyección de morfina para mitigar el dolor. También le
informaron de los resultados del examen: Tal como
había temido desde el principio, se le había lesionado
la columna. En ese momento, Gloria Estefan se en-
frentó a la posibilidad de que su carrera se concluyera
para siempre.

RAÍCES CUBANAS

Gloría Estefan nació Gloria María Fajardo en La Habana, la capital de la isla caribeña de Cuba, el 1 de septiembre de 1957. Su vida familiar y su infancia fueron perfiladas por la herencia española de Cuba y por los trastornos que tuvieron lugar en la política cubana durante los años 50 y 60.

Cristóbal Colón descubrió Cuba durante su primer viaje a América en 1492. Los españoles, que habían apoyado económicamente la expedición de Colón, colonizaron la isla y la gobernaron durante más de 400 años. La herencia del domino español permanece en la cultura cubana de hoy: los cubanos hablan español; muchos cubanos son católicos; y tradicionalmente la vida social ha seguido un patrón de familias muy unidas, regidas por hombres. No obstante, como en la mayor parte de las islas del Caribe, el gran número de esclavos africanos traídos por los españoles a la isla a lo largo de los siglos, también aportó muchísimo a la cultura cubana. Aproximadamente el 12 por ciento de los cubanos son negros, y otro 15 por ciento de ascendencia mixta española y africana. La santería, una religión que funde elementos

Cubanos anticastristas que fueron capturados después de la invasión de la Bahía de Cochinos se reúnen con sus familias al volver a Miami, Florida, en diciembre de 1962. El padre de Gloria Estefan estaba entre los que volvieron, después de haber permanecido en una cárcel cubana desde el fracaso de la invasión en abril de 1961.

Una caricatura alemana evoca el conflicto entre España y los Estados Unidos de América sobre la isla de Cuba. Después de 400 años de dominio español, Cuba se independizó como resultado de la victoria estadounidense en la guerra de 1898. Sin embargo, los Estados Unidos ejerció influencia sobre la isla hasta la revolución de Castro en 1959.

católicos de orígen español y elementos espiritualistas africanos está muy difundida en Cuba. Y la música latina y los ritmos de baile que forman parte de las canciones de la Miami Sound Machine (Máquina de sonido de Miami) y otros artistas cubanoamericanos deben mucho a la herencia musical africana, además de las influencias españolas.

Cuba se independizó de España en 1898, pero por mucho tiempo la isla fue dominada políticamente y económicamente por los Estados Unidos, cuya costa sur está a sólo 160 kilómetros (100 millas) de distancia. En los años 20 de este siglo, la presidencia de Cuba fue desempeñada por el General Geraldo Machado y Morales, cuyo gobierno decayó en una corrupta y represiva dictadura. Machado huyó del país en 1933, después de estallar huelgas y manifestaciones violentas. De repente, el hombre con más poder en Cuba era un sargento del ejército llamado Fulgencio Batista y Zaldívar apoyado por los soldados del país. A lo largo de los próximos seis años, se eligieron a cuatro presidentes—cada uno con el apoyo de Batista—y cada uno fue echado cuando no cumplía con las exigencias de Batista y del ejército. Bastista fue elegido presidente en 1940, pero se marchó de Cuba en 1944 al no ser reelegido. Sin embargo, en 1952 Batista volvió triunfante y, con la ayuda del ejército que le seguía siendo fiel, derrocó el gobierno del Presidente Carlos Prío Socarrás; dos años más tarde, Batista llamó elecciones y se declaró vencedor. Entró en funciones en 1955.

Inmediatamente, Batista suspendió varios derechos constitucionales importantes. Se prohibieron elecciones; la libertad de expresión y la actividad política fueron rigurosamente restringidas. La policía estatal vigilaba el cumplimiento de la suspensión de lo que habían sido los antiguos derechos constitucionales. Cualquiera señal de desacuerdo podía resultar en la detención, el encarcelamiento o incluso la tortura de una persona. Aunque pronto se comprobó que el régimen de Bastista era uno de los más corruptos y represivos del mundo, los Estados Unidos le prestó reconocimiento oficial, impulsando a la clase empresarial cubana a apoyar el nuevo gobierno de todo corazón. Pronto había un fuerte movimiento anti-Batista a lo largo del país y con el tiempo hubo una resistencia armada organizada.

Entre los líderes contra Batista había un abogado llamado Fidel Castro. El grupo revolucionario clandestino de Castro, el Movimiento 26 de Julio (llamado así por un asalto fracasado a un cuartel en Santiago de Cuba el 26 de julio de 1953) era compuesto de obreros, estudiantes, campesinos y otros que anhelaban la caída del régimen corrupto de Batista. Frente a esta oposición abrumadora, las tácticas de Batista se hicieron aún más duras y oprimentes. A partir de 1957, Cuba fue desgarrada por la guerra civil mientras los guerrilleros de Castro luchaban contra las tropas de Batista en la parte oriental de la isla.

La familia de Gloria Fajardo estaba muy envuelta en esta situación volátil porque su padre trabajaba para Batista. De joven, José Manuel Fajardo había sido campeón de vólibol y había ganado una medalla de oro en los Juegos Panamericanos (semejantes a los Juegos Olímpicos, pero limitados a los países de Norte, Sur y Centroamérica). Al nacer Gloria, él era un guardaespaldas a moto, parte del equipo de seguridad del ejército que protegía a la familia del presidente cubano. La esposa de Fajardo, Gloria, era maestra; la primogénita de la pareja recibió el nombre de ella.

Los Fajardo vivían en La Habana y formaban parte de la creciente clase media urbana de Cuba. Sin duda habían esperado poder criar a su hija en un ambiente cómodo y estable. Pero su vida cambió de repente y de forma dramática en 1959 cuando Castro, su compañero Ernesto "Che" Guevara, y su grupo de guerrilleros bajaron de sus plazas fuertes en las montañas y derrocaron el gobierno de Batista.

Bastista huyó del país, junto con la mayor parte de sus partidarios y los que habían trabajado en su gobierno, entre ellos muchos militares. Bastista se fue primero a la República Dominicana, en la vecina isla de la Española, y después a España, donde murió millonario en 1973. Pero cientos de sus amigos y seguidores, llamados *batistianos,* se fueron a los Estados Unidos, que estaba más cerca de casa, y que se opuso casi desde el principio al régimen revolucionario de Castro.

Uno de los batistianos que huyó fue José Manuel Fajardo. Debido a su asociación con el régimen de Batista, Fajardo sabía que nada bueno le iba a pasar ni a él ni a su familia en Cuba ahora que Castro estaba en el poder. Llegaron a los Estados Unidos cuando Gloria—llamada Glorita para distinguirla de su madre—tenía 16 meses. Mucho después, Estefan

Una figura destacada de la televisión estadounidense, Ed Sullivan (izquierda) visita al líder rebelde Fidel Castro en enero de 1959, poco después de que Castro entró con sus tropas en La Habana y se apoderó del gobierno. Pronto después, la política izquierdista de Castro enajenó tanto a la clase media cubana como al gobierno de los Estados Unidos.

revelaría que de niña siempre le emocionaba la canción popular "Ferry 'Cross the Mersey," (Ferry, cruza el Mersey) grabación del grupo británico Gerry y los Pacemakers en los años 60 porque le recordaba el viaje que hizo su familia a su nuevo país.

Los Fajardo fueron primero a Tejas y después vivieron brevemente en Carolina del Sur. Pero para cuando Gloria tenía aproximadamente 2 años, la familia se había establecido en la ciudad que se había convertido en el destino preferido de los exiliados y emigrantes de Cuba—Miami, Florida.

Geográficamente, la ubicación de Miami en la punta sur de la península de Florida la convierte en el punto más cercano a Cuba del continente norteaméricano. Además, el flujo de refugiados, exiliados políticos e inmigrantes a la ciudad ha convertido a Miami en el punto de Norteamérica más próximo culturalmente a Cuba. En los años que siguieron a la toma del poder de Castro, la nueva población cubana de Miami transformó una gran parte del centro de la ciudad a un barrio étnico que vino a llamarse la Pequeña Habana. Muchas tiendas y cafés del estilo tradicional habanero poblaban las calles; los carteles y los menús estaban todos en español y, como en Cuba, las aceras estaban salpicadas de grupos de hombres que sorbían café en quioscos, mientras discutían los negocios, la política y las noticias del día.

En Cuba, la prensa estaba revelando la corrupción que había caracterizado el régimen de Batista, los delitos que había cometido contra el pueblo, y las listas de los individuos que se habían beneficiado económicamente de su protección. Entonces, cuando se encontraron los restos mutilados de los activistas contra Bastista que habían sido torturados a muerte por los secuaces del dictador y enterrados rápidamente en sepulturas no marcadas, hubo un tumulto popular exigiendo justo castigo. Castro respondió formulando un plan de "justicia revolucionaria" que incluía juicios muestra y ejecuciones de antiguos batistianos. Varios de los que no fueron ejecutados fueron condenados a largos períodos de encarcelamiento. Aunque los Estados Unidos nunca había criticado las atrocidades del régimen de Batista, ahora consideraba apropiado condenar la "justicia revolucionaria" de Castro, que se burlaba de lo irónico que resultaba la nueva política estadounidense de indignación moral contra Cuba.

En realidad fue más que la búsqueda de una base de moral elevada que motivó a los Estados Unidos a condenar el gobierno de Castro: los Estados Unidos se oponía a Cuba por varias razones. Por ejemplo, aunque el Movimiento 26 de Julio originalmente había abarcado diferentes tipos de facciones opuestas a Bastista, fueran lo que fueran sus creencias políticas, y no era una organización comunista, pronto después de tomar el poder, Castro anunció que Cuba sería regida por principios comunistas. Estableció vínculos con la Unión Soviética y otros miembros del bloque comunista. Hubo también razones económicas que contribuyeron a la política de los Estados Unidos: Después del golpe, Castro se dispuso a nacionalizar—es decir, apropiarse, en nombre de la nación—bienes y negocios del valor de millones de dólares que habían pertenecido a individuos y a empresas de los Estados Unidos. Los negocios estadounidenses que habían prosperado en Cuba durante la época de Batista—en parte debido a la facilidad con que Batista aceptaba dinero por la otorgación de la clasificación de negocio favorecido—ahora se encontraban en una situación donde se arriesgaban a perder no sólo grandes cantidades en ganancias, sino también millones de dólares en bienes.

El principio de los años 60 era el punto culminante de la llamada guerra fría, mientras que las naciones comunistas y no comunistas fomentaban sus fuerzas armadas e intentaban dividir el mundo en esferas contrarias de influencia. Después de la revolución cubana, mucha gente en los Estados Unidos estaba alarmada al descubrir que el comunismo florecía, se podía decir en su misma acera. Con el estímulo del Presidente Kennedy, la Agencia Central de Inteligencia de los Estados Unidos (CIA) y los líderes cubanos exiliados formularon un plan para recuperar la isla. El resultado fue la invasión de la Bahía de Cochinos—una vergüenza política para Kennedy, un desastre militar para los exiliados y una tragedia para la familia Fajardo.

José Manuel Fajardo fue uno de los aproximadamente 1,300 exiliados cubanos que tomaron parte en la invasión. Formaron una unidad militar secreta llamada Brigada Exilio 2506. Su entrenamiento, armas y otro material fueron proporcionados por la CIA.

Su plan era de invadir Cuba con una fuerza de asalto rápida y derrocar a Castro. El 17 de abril de 1961, la Brigada Exilio 2506 desembarcó en un lugar llamado Bahía de Cochinos en la costa suroeste de Cuba. Los líderes de la unidad invasora pensaban entrar en La Habana y expulsar a Castro. José Manuel Fajardo era el comandante de la división de tanques de la brigada.

Desgraciadamente para los brigadistas, hubo muchas cosas que salieron mal. Ellos y los Estados Unidos habían contado con el apoyo masivo de la población cubana para aumentar su pequeño ejército. Pero el servicio estadounidense de inteligencia había estimado en menos la extensión del apoyo popular de Castro. El pueblo cubano en el campo no había acudido a la causa anticastrista, y muchos luchaban *por* Castro. Este golpe fue acompañado por otra decepción aplastante, una que los exiliados cubanos consideraban como una traición por parte de sus patrocinadores de la CIA. Los contactos estadounidenses habían prometido que las fuerzas de los Estados Unidos cubrirían la brigada desde el aire— en otras palabras, aviones militares de los Estados Unidos estarían presentes para proteger a los brigadistas y mantener alejados a las fuerzas de Castro. La protección aérea prometida nunca apareció. Al ascender con esfuerzo las playas de la Bahía de Cochinos, los miembros de la Brigada Exilio 2506 estaban solos.

Nadie puede decir si la invasión de la Bahía de Cochinos habría tenido éxito si todo hubiera ido según se esperaba. Tal como resultó, la invasión fue un fracaso total. Para el 20 de abril ya había concluído. Más de 1,100 brigadistas fueron capturados por el ejército de Castro. José Manuel Fajardo fue capturado por su propio primo, que había luchado del lado de Castro. Junto con los demás prisioneros, Fajardo fue encarcelado y el gobierno de Castro pedía rescate exigiendo que los Estados Unidos pagara por la liberación de los brigadistas. Finalmente, después de 18 meses de discusiones pendencieras, los Estados Unidos envió a Cuba alimentos y medicinas del valor de 53 millones de dólares y Castro a su vez soltó a los miembros de la Brigada Exilio 2506. Fajardo y los demás volvieron a los Estados Unidos unos días antes de las Navidades de 1962.

Mientras el padre de Gloria se preparaba para tomar parte en la invasión de la Bahía de Cochinos, su madre estaba instalando a la familia en su nuevo hogar. Los Fajardo—junto con muchas familias cubanas recién llegadas a Miami—se había asentado en una sección de la ciudad situada detrás del estadio de fútbol americano, el Orange Bowl. Este barrio de grandes edificios de apartamentos estilo cuartel pronto adquirió un sabor cubano que se ha mantenido hasta entrados los 90.

Los Fajardo tenían poco dinero cuando llegaron a los Estados Unidos, lo que hacía aún más difícil su transición a una nueva vida en un nuevo país. Surgieron otros problemas a causa de barreras lingüísticas y prejuicio. Aunque los Estados Unidos, y en particular Miami, había visto a lo largo de los años una cantidad considerable de turistas latinoamericanos, e incluso, a unos cuantos inmigrantes, los exiliados que huyeron después de la llegada de Castro al poder, formaban la primera gran ola de refugiados políticos hispanos que llegó a las costas estadounidenses. Muchos llegaban sin un centavo y pocos hablaban inglés. La comunidad anglosajona, o blanca, no recibió estos refugiados con los brazos abiertos.

Gloria Estefan recordaría después que toda su familia fue profundamente afectada por lo que ella llama el "trauma político" de la Bahía de Cochinos: "No me acuerdo mucho de Cuba, pero sí me acuerdo de mis primeros años aquí. Estaba sóla en América con mi madre mientras mi padre estaba en la cárcel en

Cuba." El fracaso de la invasión de la Bahía de Cochinos significó que la comunidad de exiliados cubanos en Miami tuvo unos comienzos duros. Varios hombres estaban lejos, dejando a las mujeres y a los niños que se valieran por sí mismos. Como varias mujeres y niños cubanos, ni Gloria ni su madre hablaban inglés. "Había mucha intolerancia en Miami en ese momento," dijo Estefan. "Era un momento muy difícil porque era el sur, . . . todos estos hispanos estaban llegando a un lugar que nunca había tenido a ningún hispano. Fue duro. Me recuerdo que le costó mucho a mi madre dominar esa situación."

La vida en un nuevo país no le fue fácil a Gloria tampoco. Acababa de empezar a aprender inglés cuando comenzó la escuela. El primer día del primer grado, supo que era la única estudiante hispana de la clase. Inevitablemente se sintió forastera, diferente de los demás estudiantes e incapaz de comunicarse bien en su lengua. Pero aún a esta edad temprana reveló un rasgo que mostraría repetidamente a lo largo de los años—su afán de lanzarse contra cualquier obstáculo o dificultad y de trabajar cuánto fuera necesario para superarlo.

Dominar el inglés se convirtió en un reto emocionante que fascinaba a Gloria. Disfrutaba tanto que ganó un premio por su destreza en la lectura—en inglés—sólo seis meses después de empezar la escuela. Mientras desarrollaba su amor por las lenguas, empezó a escribir poesía y a ayudar a su madre a aprender inglés. También estudió francés y aprendió a hablarlo con fluidez. En la universidad se especializó en comunicaciones y trabajaba por horas como traductora. Después, compondría para la Miami Sound Machine muchas baladas que se convirtieron en éxitos granjeando respeto por sus talentos como compositora. Resultó que el español de ella se mantuvo a un nivel bastante básico—"muy sencillo, muy propio de la conversación," en sus palabras—porque el reglamento de la escuela secundaria no le permitía seguir cursos en su lengua natal. Puesto que había empleado el inglés la mayor parte del tiempo desde su primera infancia, su lengua adoptada llegó a ser su medio principal de comunicación.

Mientras crecía, Gloria se interesó tanto en la música como en las lenguas. Las canciones y el cantar habían jugado siempre un papel importante en su vida, gracias a la influencia de su madre y de su abuela, ya que ambas adoraban la música. A la madre de Gloria le había encantado cantar desde su propia infancia. De hecho, de niña casi llegó a tener su propia carrera musical. En 1940, participó en un concurso de valores que tenía como propósito el encontrar a una niña hispanoparlante cuya voz sería doblada en las películas de Shirley Temple, una conocida actriz niña de la época. La madre de Gloria ganó el concurso. Sin embargo, el abuelo de Gloria era bastante tradicional y no le gustaba la idea de que la niña se fuera a Hollywood para trabajar en la industria del cine, asi que el honor de ser la "Shirley Temple española" le fue concedido a otra.

Pero la madre de Gloria siguió cantando y escuchando discos y la radio, y compartía esta pasión con su propia familia. De niña Gloria pasaba horas escuchando la colección de discos de su madre. Sus canciones favoritas eran las baladas—canciones sencillas en español llenas de emoción. Se recuerda de cantar al ritmo de las melodías de tales cantantes de baladas como Agustín Lara, Jorge Negrete y Johnny Mathis. "Pero mi héroe, el gran amor de mi vida," rememora, "era Joselito, ese pequeño actor niño que cantaba en español." Cuando Gloria se hizo mayor, durante sus años de adolescente, sus cantantes preferidas eran Barbra Streisand y Diana Ross; a lo largo de su carrera, seguía mencionando a Ross como una de las personas que más admiraba.

La primera etapa de la educación musical de Gloria Estefan fue un amor natural por la música en dos lenguas, un amor que había heredado de modo natural de su madre. La fase formal de su preparación vino después. A insistencia de sus padres empezó a tomar lecciones de guitarra clásica, un tipo de música que se ha asociado tradicionalmente con compositores e intérpretes españoles. Aunque tenía un talento musical innato, Gloria no disfrutaba de sus lecciones de guitarra. "Las odiaba," decía contundentemente. "Estaba fastidiada, porque la música es como un lenguaje para mí. Sentarse y decir 'Esta nota es ésta,' parecía vaciarlo de todo el placer. Resultaba verdaderamente aburrido; yo sólo quería sentarme y empezar a tocar."

Como muchos estudiantes de música anteriores, Gloria se impacientaba con el ritmo lento y la estructura organizada de sus lecciones. Dentro de poco, sin embargo, logró tocar la guitarra lo suficientemente bien como para rasguear sus baladas favoritas y las canciones populares que había oído en la radio. Tocar la guitarra y cantar llegaron a ocupar una parte muy importante y muy privada de su vida durante los años de la escuela secundaria cuando se sentía sola y turbada.

Parte de la tristeza de Estefan cuando adolescente se debía a una tragedia familiar. Aunque su padre se había reunido con la familia año y medio después de la Bahía de Cochinos, el fracaso de la invasión lo seguía incomodando a él y a los demás brigadistas. Los exiliados nunca habían dejado de soñar y de conspirar, siempre anhelando volver a Cuba un día. Mientras tanto, sin embargo, tenían que encontrar una manera de ganarse la vida en los Estados Unidos. Muchos

El Presidente John F. Kennedy recibe la bandera de batalla de la Brigada 2506 en una ceremonia en el estadio Orange Bowl de Miami en diciembre de 1962. A pesar del tributo de Kennedy a los brigadistas, muchos entre ellos pensaban que el gobierno de los Estados Unidos les había traicionado al no proporcionarles apoyo suficiente durante la invasión de la Bahía de Cochinos.

ex-combatientes de la Brigada 2506 de los exiliados eran oficiales de carrera como el padre de Gloria, y les parecía natural alistarse al ejército estadounidense. Este fue el camino de José Manuel Fajardo.

En el ejército, Fajardo ascendió rápidamente al rango de capitán y después sirvió como voluntario en Vietnam, donde los Estados Unidos se estaba involucrando en una contienda con guerrilleros comunistas y las tropas de Vietnam del Norte. Gloria explicaría después que su padre no había renunciado a la idea de regresar victorioso a Cuba: "Pensaba que si hacía esto [luchar en Vietnam], podría pedirle de nuevo a los Estados Unidos que se hiciera otro intento en Cuba." Pero no hubo una segunda oportunidad en Cuba para José Manuel Fajardo.

Fajardo volvió después de dos años de servicio en Vietnam en 1968, cuando Gloria tenía 10 años. Al poco tiempo, la familia y los amigos se dieron cuenta que algo le pasaba. "Se caía sin ninguna razón," recuerda Gloria. "O se paraba como para un semáforo

rojo, pero el semáforo estaba verde." La madre de
Gloria insistía en que su marido se sometiera a análisis
en el hospital. Al acabar los análisis y al estar a punto
de volver a casa, Fajardo necesitaba un bastón para
caminar. Los médicos le diagnosticaron esclerosis
múltiple, una enfermedad que afecta el cerebro y la
médula espinal. A menudo la esclerosis múltiple
produce espasmos musculares y generalmente
conduce al parálisis. Poco después la familia supo
que cuando Fajardo estaba en Vietnam fue expuesto
al agente naranja o defoliante, un producto químico
empleado por el ejército estadounidense para
deshojar los árboles en las áreas donde se escondían
las fuerzas enemigas. Después de la guerra, los
investigadores médicos descubrieron el vínculo
entre agente defoliante y el cáncer y otras
enfermedades que padecían los excombatientes
norteamericanos. Los médicos de Fajardo pensaban
que su contacto con el producto químico pudo
haber sido la causa de su enfermedad.

La esclerosis múltiple de Fajardo afectó a su familia
de forma drástica. El antiguo atleta y soldado pronto
fue obligado a guardar cama, incapaz de cuidarse a si
mismo. Para entonces, la madre de Gloria había
aprendido inglés y trabajaba todo el día e iba a clases
por la noche. Con el tiempo, logró que su título
cubano de maestra fuera convalidado en este país para
que pudiera enseñar en un colegio de Miami. Esto
ayudó a mejorar la situación económica de la familia,
pero significaba que la madre de Gloria tenía que
pasar mucho tiempo fuera de casa a causa de su
ocupado horario de trabajo. Como resultado, Gloria
tuvo que cargar con gran parte de la obligación de
cuidar a su padre inválido.

"Cuidé de mi padre desde la edad de 11 años hasta
los 16," recuerda Estefan. Todos los días volvía del
colegio y hacía todas las tareas domésticas. Además de

cuidar a su padre, también era responsable por su hermana menor, Rebecca, llamada Becky.

Las responsabilidades de ella en casa no le impedían a Gloria sacar buenas notas. Era una estudiante modelo en el colegio de monjas al que asistía. Pero cuidar a su padre y presenciar su seguro e irreversible deterioro, abrumaban a Gloria. A medida que empeoraba su condición, Fajardo no era capaz ni de limpiarse ni de alimentarse y Gloria tenía que hacer estas cosas para él. Sabía que a su padre le daba verguenza tener que depender de ella y se compadecía de él—y de ella. Estefan reflexionaría más tarde, "Parecía mucho más vieja (cuando adolescente) de lo que parezco ahora porque cargaba en la espalda el peso de todo el mundo. Estaba acostumbrada a tener mucha responsabilidad, no abandonándola nunca porque me daba miedo. Estaba manejando muchas cosas a la vez, quería ser valiente para darle ánimos a mi madre; hasta cierto punto era como la hermana de mi madre . . . me sentía verdaderamente muy sola en la vida. Era una situación a la que no podía ver la salida."

A lo largo de estos años difíciles, Estefan no daba ninguna indicación de sus sentimientos de soledad y no se quejaba. Su hermana, Becky Fajardo, describiría después el fuerte sentido de dominio de sí mismo propio de Estefan: "Es como el hierro, hierro por fuera. Cuando algo le preocupa no lo demuestra. La he visto llorar quizá una vez."

Aún cuando estaba sóla en su habitación, Gloria no se entregaba al llanto. "No lloraba," dijo. "Tenía miedo de que si me dejara ir sólo un poquito, sería el diluvio." Durante esta época de su vida, la música llegó a ser algo más que una simple afición. Fue su manera de llorar, de dar expresión a su lado emocional. "Cuando mi padre estuvo enfermo, la música era mi escape. Me liberaba de todo. Me encerraba en mi habitación con mi guitarra. . . . Y cantaba, yo sola, durante horas." En esa época Gloria cantaba las canciones de otros—Los 40 Principales que había oído en la radio y las baladas que había aprendido de su madre—pero esos años en que expresaba sus sentimientos a través de la canción, fueron la base de su éxito posterior como compositora y cantante de sus propias baladas.

El padre de Gloria empeoraba día a día. Cuando ella tenía 16 años, estaba tan mal que tuvo que ser ingresado en un Hospital de Administración de Veteranos. Se le retiró a Gloria un gran peso, pero su vida no cambió de la noche a la mañana. Aún tenía que ayudar a su madre a llevar a cabo las tareas domésticas y de cuidar a Becky; empezó a dar clases de guitarra para ganar dinero; y continuó dedicando mucho tiempo al estudio para seguir sacando buenas notas—este esfuerzo tuvo su recompensa cuando le fue concedida una beca parcial para asistir a la Universidad de Miami.

Gloria no tuvo mucha vida social de adolescente y luego reconoció que la enfermedad de su padre no fue la única razón por ésto: Como muchos adolescentes, era muy tímida, se veía en cierta medida como una persona que rehuye la compañía de los demás. En la escuela secundaria, recordaría después, era tan callada, tímida y bien educada que las monjas que eran sus profesoras pensaban que ella sería monja también. (Si alguna de estas monjas hubiera visto después MTV [la emisora de vídeos musicales] se habría sorprendido al reconocer a su reservada antigua alumna en los animados y atrevidos videos que destacaban a Gloria Estefan.)

Además, Gloria no se sentía segura de su aspecto físico—otro sentimiento que comparten muchos adolescentes. Medía 1 metro y 55 centímetros (5 pies, 1 pulgada) y tenía el mismo cabello castaño ondulado y los resplandecientes ojos oscuros que los aficionados admirarían más tarde, pero no era ni tan delgada ni tan bien proporcionada como lo sería después. De hecho, era gordita. Por lo tanto, aunque Gloria tocaba la guitarra y cantaba de vez en cuando en conciertos del colegio, su timidez la mantuvo alejada del escenario durante la mayor parte de sus años de adolescente. Su transformación de "patito feo," gordita y tímida, a superestrella deslumbrante empezó en 1975 cuando conoció al hombre que sería su compañero—primero en la música y después en el matrimonio.

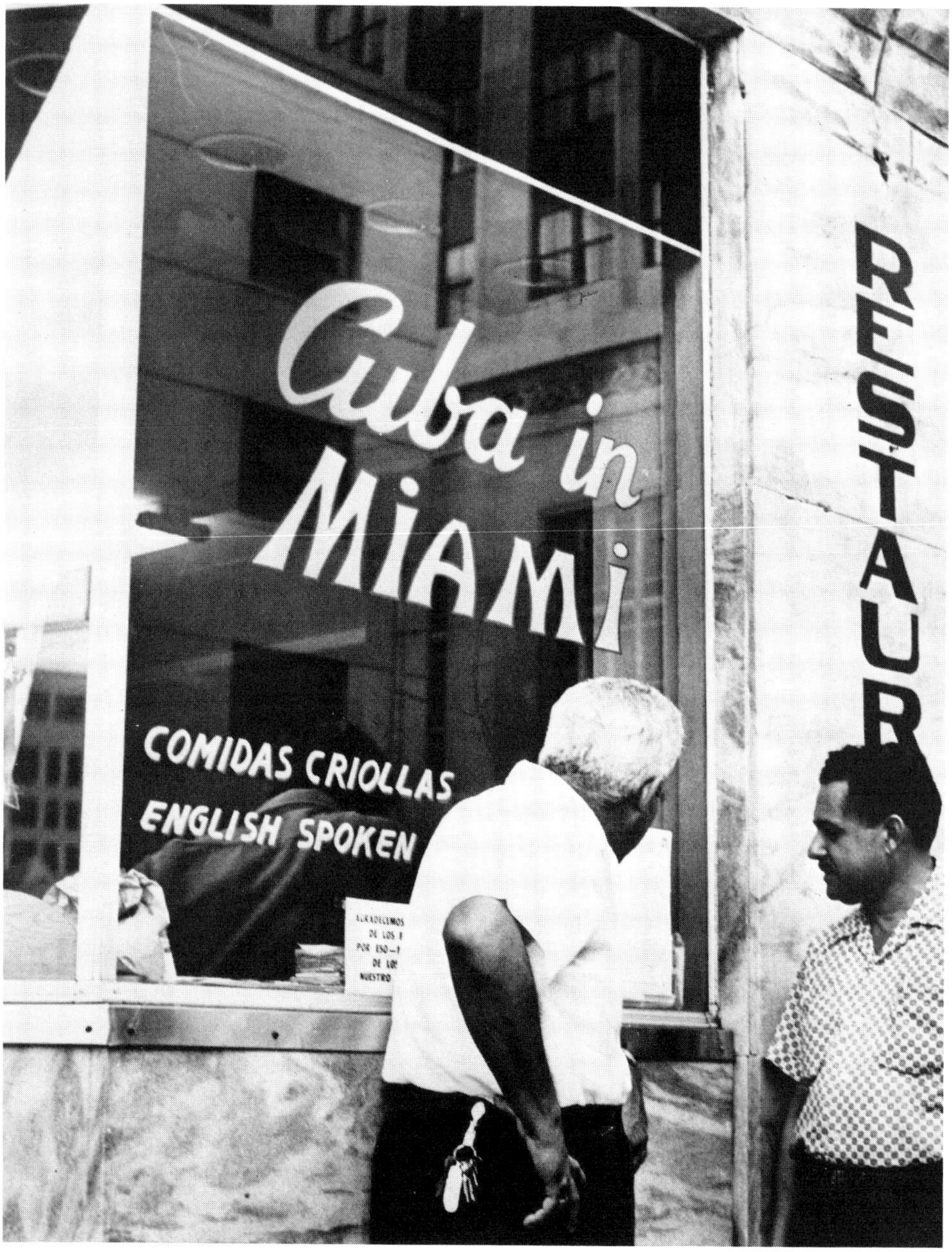
Cuba in
MIAMI
COMIDAS CRIOLLAS
ENGLISH SPOKEN
RESTAUR

EMILIO Y LOS MIAMI LATIN BOYS

El nombre de este restaurante cubano expresa la actitud de muchos exiliados cubanos. Para ellos, Cuba existía sólo en su forma transplantada en Miami. Cuando Emilio Estefan llegó a Miami en 1967, a la edad de 13 años, se encontró con una comunidad cubana floreciente y una oportunidad para realizar sus ambiciones.

Emilio Estefan, Jr., fundó la Miami Sound Machine (Máquina de Sonido de Miami) y mucha gente en la industria de la música le atribuye en gran medida el éxito del grupo. Aunque dejó de actuar con MSM en 1987, siguió produciendo todos sus discos—es decir continuó creando o aprobando todos los arreglos musicales y supervisando la fusión de las bandas sonoras en el estudio para producir el sonido final. Durante una década de esfuerzo contínuo obró la transformación de MSM, de una orquesta local que ensayaba en un garage, a un grupo de fama mundial con Gloria Estefan al centro.

Emilio Estefan nació en Cuba, cinco años antes de Gloria Fajardo. Sus padres habían emigrado del Líbano, al extremo oriental del Mar Mediterráneo. Se establecieron en Santiago de Cuba, la segunda ciudad más grande de la isla, donde empezaron una fábrica de ropa interior. Igual que la familia Fajardo, los Estefan huyeron de Cuba después de la revolución.

Gloria tiene pocas memorias de su infancia en Cuba porque era muy pequeña cuando se marchó de la isla. Emilio, en cambio, tenía siete años cuando Castro tomó el poder en 1959; además, su familia no se fue de Cuba inmediatamente como lo habían hecho los Fajardo. Los Estefan se quedaron en Cuba seis años más, reacios a dejar su casa y con la esperanza aún de poder salvar su negocio. Uno de los principios del gobierno de Castro, sin embargo, era que la propiedad no podía estar en manos privadas. Bajo su dirección, el estado se apoderó con el tiempo de granjas, tiendas y fábricas a lo largo de la isla, incluyendo la fábrica de los Estefan.

Cuando Emilio tenía 13 años, su padre y él se marcharon de Cuba. Su hermano mayor, José no pudo acompañarles porque había llegado a la edad del servicio militar obligatorio en el ejército cubano y el gobierno no les permitía emigrar a los jóvenes de esta edad.

Emilio y su padre se fueron a Madrid, España donde comenzaron el largo proceso de solicitar visados (permisos de entrada) a los Estados Unidos. Casi dos años después, en 1967, Emilio llegó a Miami—sin un centavo pero armado con un visado de estudiante. De ahí en adelante su historia es la del relato clásico del joven inmigrante que trabaja duro para enviar dinero a sus parientes en su país natal mientras se construye una vida en su nuevo país.

En 1968, Estefan consiguió un trabajo en el departamento de correspondencia en las oficinas de Importaciones Bacardí, una compañía que destila y vende ron, un licor que se hace de la caña de azúcar fermentada, y que se produce mayormente en la zona del Caribe. La historia de un joven que empieza en el departamento de correpondencia y asciende a un puesto de ejecutivo en la compañía es un cansado cliché del mundo de negocios estadounidense. Pero en el caso de Emilio Estefan ocurrió exactamente eso. Impresionó a sus jefes, quienes lo ascendieron rápidamente. Doce años después de empezar a trabajar para Bacardí, Emilio llegó a ser el director de mercadeo latinoamericano de la compañía.

Pero mientras empezaba a montar la escalera empresarial, Estefan también estaba implementando sus talentos musicales. Como a Gloria Fajardo, le había encantado la música desde muy joven, aunque su familia no era musical. Cuando tenía seis años, Estefan recibió un acordeón como regalo de Navidad. Sin recibir clases, pronto se enseñó a sí mismo cómo tocar el instrumento y hasta formó un pequeño grupo con muchos amigos suyos antes de marcharse de Cuba.

Después de establecerse en Miami, Estefan decidió de nuevo a dedicarse a la música, esta vez como negocio. Primero, fue a una tienda de instrumentos musicales y regateó con el dueño para conseguir comprar a buen precio un acordeón de segunda mano. Después fue junto al dueño de un restaurante italiano en el elegante Bulevar Biscayne de Miami y le propuso tocar gratis, dependiendo sólo de las propinas que le dieran.

A los clientes del restaurante les debió haber encantado Estefan y su acordeón porque pronto tocaba ahí habitualmente y ganaba una cantidad respetable en propinas. Su jefe en Bacardí supo de su empresa musical y le pidió a Estefan que actuara en una fiesta que iba a dar. Estefan sabía que esta sería una importante oportunidad para avanzar como músico; si salía bien en este compromiso, los invitados a su vez le darían trabajo o lo recomendarían a sus amigos.

Estefan decidió que necesitaba ayuda. Un acordeón solitario podía bastar para divertir a las personas mientras cenaban; pero probablemente no tendría éxito en una fiesta de invitados con ganas de bailar y divertirse durante horas. Por es tanto, trajo con él a una persona que tocaba el tambor y a otro que tocaba el bongó.

El director de orquesta cubanoamericano Desi Arnaz, que más tarde interpretó el papel del protagonista Ricky Ricardo en el popular programa de televisión "I Love Lucy," aparece en la película musical de 1940 Vacaciones en La Habana. *Arnaz fue uno de varios artistas que trajeron con ellos la rica herencia musical de Cuba a los Estados Unidos: Otros incluían Pérez Prado, Xavier Cugat y Celia Cruz.*

Tal como lo había esperado Estefan, su actuación en esta fiesta condujo a otros compromisos. Se difundió la noticia de su conjunto y empezaron a llegar peticiones. Pronto decidió ampliar el grupo para que pudieran interpretar otros tipos de música—y por lo tanto, obtener más trabajos. Añadió guitarras, teclados, y una sección de trompeta. Para 1974, había organizado un grupo con nueve miembros que llamaba los Miami Latin Boys (Los chicos latinos de Miami). Ensayaban en un pequeño y atestado garage en casa de su tía. Fue más o menos en ese momento que Estefan empezó a tocar los instrumentos de percusión del grupo, abandonando el acordeón por los tambores u otros instrumentos que llevan el compás.

Al principio, los Estefan intentaron disuadir a Emilio de involucrarse demasiado en el mundo de la música. Pensaban que debía dedicarse a desarrollar una carrera de negocios estable y que la vida de un artista musical era demasiado insegura. "Todo el mundo me decía que estaba loco," recuerda. "Mis padres me decían que la música no era lo apropiado, que no era muy seguro pero yo les decía que éso era lo que me gustaba y a lo que quería dedicarme. Con el tiempo se convencieron y me apoyaron."

Los Miami Latin Boys era un conjunto musical agradable y que gozó de bastante éxito, aunque no destacaba por su originalidad. Carlos Oliva, un director de orquesta que fue el gerente del grupo a mediados de los años 70, recuerda; "Era, para empezar, un grupo suave, cálido—y no era muy emocionante verlos." En vez de llegar a ser un grupo dramático y original, los Latin Boys tocaban las mismas melodías que empleaban otras cien orquestas más y las interpretaban de la misma manera. No intentaban conseguir fama de artistas creadores; sino que simplemente deseaban ganar algún dinero y divertirse tocando lo que su público quería escuchar.

Los Latin Boys conseguían trabajo estable en fiestas particulares, bodas, bar mitzvahs y quinces. En fin, la orquesta tenía talento y era trabajadora pero indudablemente corriente—o, como un periodista de la revista *Rolling Stone* los describió en 1990, "un negocio lucrativo de fin de semana, pero nada para renunciar a tu trabajo de todos los días."

Pero Emilio Estefan no quería permanecer a ese nivel. En 1975 empezó a cambiar algunas cosas en los Miami Latin Boys—primero en los miembros del grupo, después en su nombre y finalmente en su sonido. El cambio más importante de todos trajo a Gloria Estefan al escenario.

NACE MSM

Miembros del Teatro Martí en una carroza durante el desfile de Los Reyes Magos en Miami en enero de 1988. Cuando los Miami Latin Boys se formó a mediados de los años 60, los grupos cubanoaméricanos eran compuestos sólo de hombres. Emilio Estefan decidió que la inclusión de mujeres cantantes, prestaría una calidad única a su conjunto; les pidió a Gloria Fajardo y a su prima Merci que se unieran al grupo.

Gloria Fajardo primero vió a Emilio Estefan en 1975 cuando su colegio lo invitó, como director de orquesta, a hablarles a los estudiantes de música. Poco después ella, junto con varias amigas suyas, estaban formando un grupo musical para actuar en una fiesta que sus padres estaban organizando. El padre de una de las amigas de Gloria trabajaba en Bacardí y conocía a Estefan; le pidió al joven músico que ayudara a las muchachas a empezar. "Trajeron a Emilio para darnos algunos consejos de cómo formar una orquesta puesto que ya tenía un grupo," recuerda Gloria. "De todas formas, me oyó cantar ahí y eso fue todo." Si su interpretación en ese momento le causó algún impacto especial, eso es algo que no reveló a nadie.

Fajardo y Estefan se encontraron por tercera vez en una gran boda cubana. Los Miami Latin Boys estaban presentes para proporcionar la música que consistía de salsa, una música de baile típica cubana, rápida y animada. Gloria recuerda que no quería ir a la boda, "Mi madre me tuvo que llevar a rastras."

Durante el festejo, Gloria intuyó algo de la personalidad de Estefan. "Aquí estaba este chico en esta boda latina actuando con su grupo," recuerda, "y sabías que era valiente porque tocaba salsa y de repente empezaba a tocar 'Do the Hustle' en el acordeón." Admiraba la manera en que se aprestaba a sorprender al público, exponiéndose a disgustarles con algo inesperado, corriendo el riesgo incluso de hacer el ridículo. Le gustaba su estilo atrevido, confiado, quizá porque ella misma era tímida y reservada.

Gloria se recordaba de haber conocido anteriormente a Estefan y según recuerda, "Nos encontramos durante el descanso del grupo e inmediatamente me reconoció. Se me acercó y me preguntó si estaría de acuerdo en cantar un par de canciones con el grupo por gusto." Al principio, Fajardo no acogió la idea con entusiasmo pero Estefan insistió. Además, la madre de Fajardo quería oirla cantar. Finalmente Fajardo dijo que sí.

Se recuerda de que los del grupo "odiaron" oir a Estefan decirles que una total desconocida iba a cantar unas canciones con ellos. Tales ocasiones son casi siempre un motivo de vergüenza e incomodidad para los miembros de un grupo, que se enfrentan a la tarea ingrata de lograr que un aficionado sin talento se luzca delante de sus familiares y amigos. En este caso, sin embargo, Estefan ya sabía que Fajardo tenía talento y quería ensayarla con el grupo. Les tranquilizó, "No se preocupen. La he oído cantar. Lo hará bien."

Los Miami Latin Boys supieron que, de hecho, Gloria sí lo hacía muy bien. Cantó varias de las baladas preferidas de su madre. Muchas antiguas amistades de su madre estaban ahí y la actuación de Gloria le valieron vivas y aplausos sostenidos. Había disfrutado muchísimo cantando con el grupo.

En ese momento los Latin Boys no tenían un cantante principal. Estefan y los demás miembros del grupo se turnaban cantando, o cantaban todos juntos.

Poco antes, habían llegado dos miembros nuevos a los Latin Boys, ambos estudiantes de la edad de Gloria Fajardo. Juan Marcos Avila tocaba el bajo y Enrique García, llamado Kiki, tocaba los tambores. Después de oír a Fajardo cantar en la boda, Estefan decidió que el grupo necesitaba definitivamente un cantante—mejor dicho, una cantante.

Unas semanas después de la boda, en octubre de 1975, Estefan llamó a Fajardo y la invitó a unirse al grupo. Se dió cuenta que el tener a una mujer como cantante principal le prestaría a su grupo una calidad original y memorable, algo que lo destacaría de todos los demás grupos masculinos que estaban actuando en la zona de Miami.

Al principio, Fajardo desechó la idea. Acababa de empezar en la Universidad de Miami y no quería que la distrajeran de sus estudios. Le dijo a Estefan que estaba demasiado ocupada con sus clases para formar parte de una orquesta. Pero Estefan no se rindió tan fácilmente. Volvió a llamar dos semanas más tarde y esta vez le aseguró a Fajardo que cantar con la orquesta no interferiría con sus estudios universitarios. Actuar sería "como un pasatiempo," le dijo; sólo se comprometía a actuar con el grupo los fines de semana y durante las vacaciones. "Bueno, adoraba tanto la música que no podía permitir que se me escapara esta oportunidad," Gloria confesó después. Se unió al grupo.

Antes de poder hacer nada, sin embargo, la estudiante de 18 años tenía que obtener el permiso de su familia. Así era como se hacían las cosas en las familias tradicionales cubanas. La madre y la abuela de Fajardo hicieron algunas investigaciones sobre Estefan y sus compañeros músicos y finalmente decidieron que se le podía permitir a Gloria asociarse con estos jóvenes.

La prima de Gloria, Merci, también quería cantar con los Miami Latin Boys. Estefan les dijo a ambas que vinieran al garage de su tía, donde el grupo aún ensayaba. Depués llamó a Carlos Oliva, entonces el gerente del grupo. "Me dijo que debería ir al ensayo en casa de su tía," se recuerda Oliva. "Me dijo que había esta chica que había conocido en una boda y que vendría a ensayar con su prima. . . . Llegué tarde, y ahí en medio de todos esos vecinos estaba Gloria y su prima Merci, armonizando. ¡Fue precioso!" Dos semanas después, Fajardo se encontraba en el Hotel Dupont Plaza de Miami, cantando "What a Diff'rence a Day Makes" (Lo que importa un día) y tocando las maracas.

Después de que Fajardo dejó de preocuparse de encontrar el tiempo para ambas la música y las clases, empezó a disfrutar de veras de su colaboración en la orquesta. Para una joven que casi no había tenido vida social a lo largo de sus años en la escuela secundaria, formar parte del mundo musical de Miami fue estimulante. Según recuerda, "De repente iba a fiestas todos los fines de semana, cantaba con una orquesta entera al fondo, ganaba dinero por ello y gozaba de cada momento."

Fajardo no permitió, sin embargo, que la emoción se le subiera a la cabeza ni que se desequilibraran sus valores. Permaneció la misma persona de siempre—trabajadora y básicamente sensata. Siguió en la universidad donde se especializó en comunica-ciones y psicología, sacando A's (las notas máximas) en todas sus asignaturas. También implementó sus dotes lingüísticas trabajando algunas horas a la semana como traductora en la Aduana de los Estados Unidos en el Areopuerto Internacional de Miami. (La Aduana de los Estados Unidos está encargada de supervisar la llegada de pasajeros y mercancía de otros países). Además de todo esto, daba clases de guitarra en un centro social de barrio.

Al llegar Gloria y Merci Fajardo, los Miami Latin Boys tuvieron que cambiar algunas cosas. En primer lugar, el nombre del grupo ya no era apropiado. Uno de los asesores de Estefan sugirió "Miami Sound Machine," pero a Fajardo nunca le gustó el nombre. "Empezaba la época de música disco y 'máquina' era una palabra común," observó después. "Según pensaba, una máquina no tenía nada que ver con lo que éramos nosotros." Sin embargo, el nuevo nombre persistió, y a mucha gente le gustaba—la revista *People,* por ejemplo, lo llamó "un nombre llamativo, original."

El otro cambio que hizo el conjunto después de que Fajardo se unió a él, tuvo que ver con la música que interpretaba. Anteriormente, los Miami Latin Boys habían tocado dos tipos de música, según la ocasión. Para un público cubano o hispano, se especializaban en música de baile latinoamericana, particularmente salsa. Para un público anglosajón

Tito Puente y Celia Cruz—retratados aquí en la instalación de Puente en el Paseo de la Fama de Hollywood en 1990—eran considerados en todo el mundo el rey y la reina de salsa. Salsa, una fusión de música de baile latinoamérica con jazz y rock, era algo nuevo para Gloria Fajardo cuando se unió a los Miami Latin Boys.

tocaban rock suave; los 40 éxitos principales y las clásicas melodías pop de la corriente mayoritaria. No interpretaban material original y no empleaban baladas en sus actuaciones.

Cuando llegó al grupo, Fajardo no estaba familiarizada con salsa, pero sí sabía muchas canciones pop y muchas baladas. Consideraba que añadían algo al estilo musical del grupo y, a la vez, aprendió algo de salsa y de música de baile latina. No era el primer recién llegado al grupo que tuvo que aprender salsa: Cuando Kiki García se unió a los Miami Latin Boys, estaba, según él, "muy involucrado en música disco." Para poder aprender la música que tocaba el grupo en las fiestas, García se fue a una tienda de discos y se abasteció de LP's de Tito Puente y Celia Cruz, reconocidos en todo el mundo como los principales artistas de salsa. Con el tiempo, los diferentes estilos e influencias musicales que compartían los miembros del grupo se fundieron en el sonido característico de MSM. Una década después de que Fajardo se

Estefan actúa con la Miami Sound Machine durante un concierto en Tokio, Japón. Aunque se unió al grupo en 1975 y se casó con Emilio Estefan (último a la izquierda) en 1978, Gloria no apareció como la cantante principal hasta 1982. Durante esos siete años, trabajó duro para mejorar su arte y superar su timidez.

unió al grupo, la amalgama original de suaves y líricas baladas y de melodías latinas rápidas y bailables condujeron a MSM al estrellato.

"Nuestro sonido resultó del deseo de complacer a todos," explica Juan Marcos Avila, el bajo. "Aquí en Miami, hay cubanos, anglos, negros, suraméricanos. Es necesario ser muy versátil." Esta versatilidad le permitió a MSM tocar en una gran variedad de eventos y los convirtió en el grupo preferido para los que deseaban diferentes estilos de música pero que no querían pagar por dos orquestas. Por supuesto, significó que MSM tenía que trabajar el doble, pero todos los miembros del grupo estaban dispuestos a trabajar horas extra. Aceptaban todos los trabajos que se les ofrecían; algunas veces tocaban en tres o hasta cuatro bodas o quinces en una noche.

La intuición que tuvo Emilio Estefan respecto a la integración de Gloria y Merci Fajardo en su grupo resultó ser cierta. Sólo pocos meses después de unirse ellas al grupo, MSM era la orquesta principal para fiestas en Miami. Pero Gloria aún no estaba al frente y a la vista del público. Cantaba, pero la mayor parte del tiempo permanecía al margen, en segundo plano. "Cuando primero formé parte del grupo," se recuerda, "fue porque adoraba la música, no porque quería actuar. No quería estar en el centro, no lo deseaba. . . . Nunca se me ocurrió que estaría haciendo esto toda mi vida. Quería ser psicóloga." Con el tiempo, sin embargo, se estaba envolviendo más y más en el grupo y empezó a visualizarse como artista, luchando contra la timidez que la limitaba. "Me gustaba más y más y poco a poco empezaba a salir. Era muy tímida y fue un proceso penoso para mí. No llegué al frente del grupo hasta 1982." Los siete años que transcurrieron entre su introducción en MSM y el momento de su aparición como cantante principal fueron años llenos de trabajo. También en esa época brotó el amor.

SUPERESTRELLAS
LATINAS

Gloria y Emilio Estefan descansan en su casa en Miami. La relación sentimental de la pareja creció lentamente porque tenían miedo de malograr su relación profesional. Fueron novios por dos años antes de decidirse a casarse.

No se puede describir la relación entre Gloria Fajardo y Emilio Estefan como amor a primera vista. Más bien, como su éxito profesional, evolucionó a lo largo del tiempo. Desde el principio, a Fajardo le atraía Estefan, pero estaba convencida de que él no le podía corresponder sentimentalmente. Tenía 23 años, 5 más que ella, y, según recuerda, "tenía fama de seductor," añadiendo que "esto resultó no ser cierto." En ese momento, Estefan salía con mujeres de treinta años; Fajardo dudaba que él se interesara en una joven e inexperta estudiante de primer año de carrera. La hermana de Gloria, Becky, se recordaba de cómo era Estefan en esa época. "Emilio era el mejor partido de la ciudad. Guapo, conduciendo su Corvette. . . . Frotaba los asientos de cuero con tal cantidad de crema que ¡te resbalabas hacia delante cada vez que frenaba!"

Aunque su intensa vida social continuó después de que Gloria Fajardo se unió al grupo, Estefan encontraba atractiva a la nueva cantante. "Cuando primero la conocí pensé que tenía un cutis bellísimo, ojos bellísimos," se recuerda. "Pero el amor es algo que crece. Y me recuerdo que le dije a mi madre, 'No voy a intentar nada con esta muchacha a menos que sea de verdad. Ha sufrido demasiado.'"

Desde octubre de 1975 hasta julio de 1976, Fajardo y Estefan trabajaron juntos sin reconocer la creciente atracción que sentían. "Coqueteaba conmigo siempre, pero coquetea *con todo el mundo* . . . es su personalidad," afirma Gloria. Le divertía el flirteo, pero al mismo tiempo estaba preocupada de que si evolucionaba una relación sentimental entre ellos y terminaba mal, su asociación en la orquesta se vendría abajo. "Es curioso," añade "porque más tarde supe que él estaba pensando lo mismo. Estaríamos fastidiando dos cosas: nuestras propias vidas personales y una buena relación de trabajo. La atracción estaba ahí pero deseábamos ir con mucho cuidado. Poco a poco nuestra relación evolucionó."

El 4 de julio de 1976, fue el bicentenario de la Declaración de Independencia. Festivales, celebraciones y fiestas tuvieron lugar a lo largo de los Estados Unidos. En Miami, la Sound Machine tuvo un compromiso en un barco. Después de interpretar una serie de canciones, Fajardo y Estefan subieron a cubierta para tomar el aire. "Me decía que era su cumpleaños," recuerda Gloria. "Pues, mentía. En realidad su cumpleaños es en marzo." Bromeando, Estefan le dijo que ella le debía un beso de cumpleaños porque no le había hecho un regalo. Finalmente, le convenció a que le diera un beso. Lo que empezó como toque en la mejilla se convirtió en un beso de verdad. Después de eso los dos empezaron a salir, dejando que su relación creciera poco a poco. "Salimos por dos años antes de empezar a pensar en casarnos," recuerda Estefan. "Me gustaba pero quería estar seguro. Pensé, 'Si está enamorada de mí y yo no estoy listo, se hundirá.'"

*Fajardo comenzó un
riguroso programa de
ejercicio cuando empezó
a salir con Emilio Estefan.
Al principio reaccionó
contra su insistencia en
que ella debiera mejorarse
"el 95 por ciento," pero
con el tiempo se dio cuenta
de que él quería que ella se
sintiera más segura respecto
a su aspecto físico y que
tuviera más confianza en
sí misma.*

Durante esos dos años de noviazgo, Fajardo se embarcó en un proceso de auto-transformación, mejorando su aspecto físico a través de un régimen alimenticio y el ejercicio. Según Becky Fajardo, gran parte de la motivación de su hermana para perder peso y mejorar su aspecto físico fue debida a Estefan. "Siempre le decía a Gloria, 'Creo que puedes mejorarte el 95 por ciento.' Todo el tiempo— *'noventa y cinco por ciento.'*"

Fajardo se picó. Respondía: "Si tú crees que debo mejorarme el 95 por ciento, entonces ¿por qué estás conmigo? Sólo te gusto el 5 por ciento?" Pronto, sin embargo, entendió la intención de él. "Emilio sólo quería decir que debía soltarme más. Después de eso bromeaba con él; 'Bueno ¿adónde he llegado? ¿Al setenta y cinco por ciento? ¿Al sesenta?'" Mientras rebajaba, Fajardo también intentaba superar su timidez, empezando a vestir con más estilo y a comportarse con más confianza. "Cuando era tímida, sentía que tenía algo dentro que quería extraer de mí; simplemente, es que no sabía cómo hacerlo," dijo después. "Fue un proceso penoso, pero me obligué llevarlo a cabo; por la mayor parte, observándome en video, la experiencia más horrenda que puede haber. Pero es la única manera en que puedes ver lo que ven los demás." Sentía que la confianza que Estefan tenía en ella le estaba ayudando a realizarse: "Emilio vio un lado de mí que yo no dejaba ver a los demás y él quería que eso surgiera."

Mientras cumplía con el horario de compromisos de MSM, Estefan seguía trabajando en Bacardí y Fajardo continuaba estudiando en la Universidad de Miami de la cual se graduó en 1978 con un título de B.A. en psicología y comunicaciones. Ese mismo año, la pareja anunció su compromiso. Se casaron varios meses después, el 1 de septiembre de 1978. Irónicamente, la pareja que había actuado junta por primera vez en una boda, y que había proporcionado la música para cientos más, no tuvo una orquesta en su boda. Ni siquiera tuvieron una fiesta. "Habíamos ahorrado algún dinero," Gloria recuerda, "pero decidimos gastarlo en un viaje al Japón en lugar de una recepción. Emilio decía que debíamos aprovechar la oportunidad de tomarnos unas vacaciones porque quizá nunca volveríamos a tener esa posibilidad."

Además de graduarse de la universidad y de casarse, en 1978 Gloria Estefan hizo su única visita a Cuba desde que sus padres huyeron con ella a los Estados Unidos. La visita tenía como objeto a José Estefan, el hermano mayor de Emilio, que había permanecido en Cuba cuando el resto de la familia Estefan se marchó a mediados de los 60. En 1978, José decidió que estaba listo para dejar Cuba con su familia. Pero necesitaba ayuda. El régimen de Castro desaprobaba de la emigración y los cubanos que intentaban dejar la isla se enfrentaban muchas veces a grandes dificultades. Cuando las autoridades supieron que los Estefan habían hecho todo lo necesario para poder marcharse en dos meses, presionaron mucho a la familia. "Se les hizo muy difícil la vida y las represalias en el trabajo y en la escuela se les obligó a llevar un vida clandestina hasta el día de su vuelo," reuerda Gloria. "Tuvimos que llevarles ropa y comida con que vivir por esos dos meses."

Este viaje a Cuba le proporcionó a Gloria una oportunidad para ver el país natal del que tanto había oído mientras crecía. También le sirvió de introducción a cómo era la vida en un país comunista; la experiencia reforzó su fuerte oposición al comunismo. "Mientras estuve ahí, tuve una sensación abrumadora de claustrofobia," dijo. "Me entristeció mucho." Años después, este viaje tuvo repercusiones políticas debido a las fuertes emociones que evoca la Cuba de Castro entre los exiliados cubanos en los Estados Unidos.

La idea de volver a Cuba es un tema muy emocional para muchos cubanoamericanos, especialmente los que viven en Miami. Treinta años después de que Castro tomó el poder, el ambiente político en la Pequeña Habana de Miami ha seguido siendo abrumadoramente anti-Castro. La comunidad cubanoamericana a menudo ha reaccionado de forma hostil ante cualquiera que parecía apoyar, o incluso tolerar, a Castro.

En la primavera de 1989, casi 11 años después del viaje de los Estefan a Cuba, se plantearon preguntas sobre el viaje en la prensa. Las preguntas surgían de un incidente ese año en el Festival de la Calle Ocho, un acontecimiento musical y cultural que tiene lugar todos los años en la Calle Ocho en el corazón de la Pequeña Habana. Algunos artistas fueron boicoteados por algunos cubanoamericanos que insistían en que ellos estaban vinculados con el gobierno de Castro o que habían actuado en Cuba.

El boicot no afectó a MSM pero un artículo en el *Chicago Tribune* sugería que los Estefan habían mantenido su viaje de 1978 en secreto para evitar cualquier tipo de problema en Miami. En cuanto vió la columna del periódico, Gloria le escribió al *Tribune* para clarificar las cosas. "Cada vez que se me ha preguntado si he vuelto a Cuba," escribió, "siempre he sido muy franca sobre mi experiencia. He iluminado a algunas personas que nunca han estado en Cuba con respecto a la realidad de la vida en un país comunista." La columna le produjo ambas sorpresa y tristeza; ella consideraba que los hechos de su viaje a Cuba por asuntos familiares habían sido distorsionados para defender un punto de vista político.

La política ha sido siempre un tema intensamente personal para Gloria Estefan. "Sí tengo mis opiniones políticas," indica, "pero han estado tan entretejidas en mi vida personal que siempre he procurado mantener la política alejada de la música. Para mí la música ha sido siempre mi único escape de todo lo que pasaba. Para algunos, es bueno ser un compositor que expresa su punto de vista político a través de la música pero . . . personalmente, eso no es lo mío. El amor y los sentimientos son cosas que todos comparten, pero la

Estefan actúa en los Juegos Panamericanos en Indianapolis, Indiana en 1987. A causa de la participación de su padre en la invasión de la Bahía de Cochinos, el gobierno cubano protestó contra su intervención en los Juegos.

política y la religión te pueden acarrear muchos problemas." Ha dicho muchas veces que crea música por su propio placer y el de su público y no para defender un conjunto particular de ideas. "Lo que digo no va a afectar a nadie ni a cambiar nada. Lo mío no es eso—lo mío es evocar el sentimiento." Y aunque se ha mantenido extremadamente orgullosa de su herencia hispana, nunca quiso involucrarse en el mundo volátil de la política de los exiliados cubanoamericanos: "No quiero que la gente quiera que yo defienda su causa."

Aunque Estefan no era políticamente activa, el gobierno cubano comprendió muy bien su posición anti-Castro. En 1987, cuando los Juegos Panamericanos—la competición en que el padre de Gloria había ganado una medalla de oro—tenían lugar en Indianapolis, Indiana, MSM era uno de los grupos que iba a actuar en el evento. La delegación de atletas cubanos protestó la intervención de MSM y amenazaron con abandonar la competición si el grupo actuaba. Al final, MSM actuó como se había previsto, y los atletas cubanos permanecieron en Indianapolis y la disputa se disipó sin más incidentes. Estefan señaló que al intervenir en los Juegos, el grupo y ella no tenían ninguna intención de hacer una declaración política—la declaración consistía en cómo los demás se disponían a interpretar su presencia.

Estefan dejó muy claro a todos que aunque varias canciones suyas habían sido éxitos en Cuba, nunca actuaría en la isla mientras Castro permaneciera en el poder. Si hiciera eso, sería una traición a su padre, como si le diera una bofetada. "Sería el insulto culminante a nuestra herencia si actuáramos [en Cuba]. No podemos volver."

A finales de los 70, la popularidad de MSM siguió creciendo en la zona de Miami. Los Estefan y sus colegas músicos eran el grupo local dominante para fiestas y también tocaban en clubs de baile, interpretando una mezcla de música de baile latina, y melodías pop del estilo de los 40 Principales, muchas veces en español si el público era mayormente hispano. Emilio decidió que ya era hora que MSM diera el próximo paso y que alcanzara a un público más amplio. La manera de lograr ésto era a través de las grabaciones.

Empezando en 1978, MSM grabó una serie de tres LP's, el primero para una pequeña marca local y el segundo y el tercero para su propia marca. Cada uno de estos albúmes destacaba canciones en ambos inglés y español, con las canciones en inglés de un lado, y las canciones en español del otro. Las canciones fueron grabadas y producidas en estudios pequeños y con presupuestos muy reducidos—según un artículo de 1990 en la revista *Rolling Stone,* la producción del primer álbum de MSM costó sólo $2,000, muy lejos del despilfarro de los presupuestos de las superestrellas rockeras de hoy. El material era una mezcla de clásicos cubanos, música pop de estilo disco y baladas, algunas de ellas compuestas por Gloria. En este momento, MSM grababa su propio material original, aunque el grupo seguía tocando las canciones latinas y los 40 éxitos principales favoritos en sus actuaciones en directo. El éxito principal de estos primeros LP's fue una balada romántica española llamada "Renacer," que era popular entre el público de las emisoras hispanoparlantes de radio que tocaban los primeros discos de MSM.

En 1980, murió el padre de Gloria después de haber estado mucho tiempo ingresado en el hospital. Pero ese mismo año un suceso feliz tuvo lugar en la vida de los Estefan. Nació su hijo, Nayib. "Tener un hijo te da un sentido de equilibrio," descubrió Gloria. "Te hace mucho más sensible a los demás. Te obliga a tener los pies plantados en el suelo." Pero la llegada del niño no cambió su dedicación a su carrera, que en este

El hijo de los Estefan, Nayib, nació en 1980, el mismo año en que el padre de Gloria murió. Aunque dedicada a Nayib, Gloria, no quería que sus responsabilidades de madre pusieran fin a su carrera musical. Cuando estaba de gira, se valía de su madre, de su hermana y otros parientes para ayudar a cuidar al niño.

momento estaba ya firmemente anclada en la industria de la música. Aunque confirmó que Nayib "era más importante para mí que cualquier cosa del mundo entero," añadió, "No creo que estás obligada a renunciar a tu carrera por tus hijos. En definitiva, eso es un error. . . . El 90 por ciento de las veces, los niños normalmente no lo aprecian si lo haces. Cuando renuncias a algo tuyo, generalmente no estás tan contenta como lo estabas antes. Y si no estás contenta contigo misma, entonces es muy difícil hacer feliz a otra persona."

Estefan se aprovechó de la estructura unida de la vida familiar latina para ayudar a equilibrar las responsabilidades de madre y las de su trabajo. Su madre y su hermana a menudo estaban disponibles para cuidar de Nayib, como también las tías y primos de Emilio. Tal unidad familiar siempre ha caracterizado tanto la vida profesional como la vida

personal de los Estefan y varios parientes han
trabajado para Emilio y Gloria. A veces Becky
Fajardo funciona como la ayudante personal de su
hermana durante giras profesionales; José Estefan es el
director de finanzas de Emilio; la madre de Emilio
viaja a veces con el grupo para acompañar a Gloria
y a Nayib y varios primos han trabajado en las
oficinas de MSM en Miami.

El nacimiento de Nayib no fue el único hito
para los Estefan en 1980. Poco después de nacer
el niño, Emilio Estefan renunció a su puesto como
director de mercadeo hispano en Importaciones
Bacardí, donde había estado ganando $100,000 al año.
Aún con un bebé recién nacido, estaba dispuesto a
renunciar a la seguridad, un sueldo estable y a una
carrera empresarial porque creía que MSM tenía
el potencial de lograr un éxito aún mayor. También
pensaba que para que el grupo lograra triunfar,
se requería su dedicación total. Gloria y él, juntos
con Kiki García y Juan Marcos Avila, formaban el
núcleo del grupo. Juntos siguieron creando y tocando
música mientras Emilio trabajaba incansablemente
para promocionarlos, buscando el modo de convertir
su fama local en algo mayor. En 1980, cuando dejó
Bacardí, Emilio avanzó un paso en esa dirección
cuando consiguió un contrato con una importante
companía internacional, Discos CBS.

Para poder entender el camino tortuoso que
anduvo Gloria Estefan para llegar a ser una estrella
durante los años 80, es necesario saber algo de la
estructura de la industria de la música. Cualquiera que
haya escuchado una radio se da cuenta que cada
emisora de radio tiene un sonido general diferente,
determinado por la selección de música que lleva a
cabo esa emisora. El tipo de música que toca una
emisora se llama generalmente su "formato." Algunas
emisoras tienen un formato clásico, mientras que otras

se especializan en el jazz, música country y del oeste, o música rock. Dentro de la amplia categoría de música rock hay muchos formatos que son aún más especializados: Ejemplos típicos son: los clásicos del rock, pop contemporáneo para adultos, sonido suave, rock duro, baile, afroamericano y los 40 Principales. El público de cada uno de estos formatos se llama el "mercado." Las zonas con una población hispana grande tienen una o más emisoras con un formato latino y las tiendas de discos de esas zonas tienen secciones latinas para servir al mercado hispano. Este mercado latino era el público principal de MSM cuando el grupo emepezó a grabar discos.

La mayoría de los artistas, y la mayor parte de las canciones, pertenecen claramente a un formato en particular y atraen a un mercado. Las publicaciones de la industria discográfica, como la revista *Billboard*, que clasifica todas las semanas el nivel de popularidad de LP's y de canciones sencillas, mantienen listas separadas, o listas de los éxitos, para cada formato. De vez en cuando, sin embargo, un artista o un grupo adquiere popularidad en más de un mercado, y se tocarán las canciones del artista en emisoras con formatos distintos. Un tal artista es Michael Jackson, cuyas canciones han sido éxitos en ambas las listas de música pop y de música afroamericana. Este fenómeno—el éxito de un artista en mercados fuera de su público principal—se llama "crossover" (cruce o travesía).

A la industria discográfica le gustan mucho los artistas "crossover" porque saben que traen más ganancias a las compañías de discos. Pero los ejecutivos de las compañías saben que los grandes éxitos "crossover" son bastante raros. Generalmente, por lo tanto, las compañías de discos procuran identificar el mercado en que cada artista tiene más posibilidad de triunfar y después, dedicarse a convertir

al artista en un éxito en ese mercado. En el caso de
música latina como la que tocaba la primera Miami
Sound Machine temprana, el "crossover" no sólo era
raro—era inaudito. Debido a barreras linguísticas y
culturales, ningún grupo latino había triunfado entre
los aficionados angloparlantes fuera del mercado
latino. Gloria Estefan y MSM con el tiempo
cambiarían todo eso. Pero primero tenían que llegar a
ser estrellas internacionales en el mercado latino.

La división de Discos CBS que le ofreció a MSM
un contrato de grabación era, en Miami, Discos
CBS Internacional, el responsable de la promoción
de artistas latinos tanto en los Estados Unidos como
en el resto del mundo. Aunque MSM había estado
actuando y grabando en ambos inglés y español antes
de unirse a CBS, la compañía de discos decidió
promocionarlos internacionalmente como un grupo
hispanoparlante.

La decisión se basó sencillamente en el aspecto
económico. Había un mercado creciente para la
música de estilo estadounidense por todos los países
hispanoparlantes de América Central y América del
Sur. Los ejecutivos de la compañía de discos
pensaban que un grupo capaz de interpretar canciones
disco y pop en español sería una mina de oro.
"Pensaban que venderíamos más en Latinoamérica
si cantábamos en español," explicó Gloria Estefan.
"Pero guardamos el derecho de grabar en inglés
porque con el tiempo queríamos intentarlo otra
vez en los Estados Unidos. Pero primero decidimos
concentrarnos en el aspecto latinoamericano porque
estaba obteniendo mucho éxito."

De hecho, MSM estaba triunfando en Latinoamérica. En los años después de firmar con
Discos CBS Internacional, MSM pasó mucho
tiempo haciendo giras por México, Puerto Rico, y
Centroamérica y Suramérica. Al mismo tiempo,

actuaban en clubs y en conciertos en comunidades latinas en los Estados Unidos, particularmente alrededor de su base residencial de Miami. Pero, mientras que en casa tocaban para un público de 3,000 y 4,000 personas, en otros países llenaban estadios de fútbol con multitudes de 30,000 y 40,000. De hecho, en poco tiempo llegaron a ser uno de los grupos más populares a través de Latinoamérica. Triunfaron en particular en México, Perú, Argentina, Brasil, Honduras y Panamá. Al público, ávido de música popular del estilo estadounidense, le encantaba escuchar tal música en español, fuera material original compuesto por MSM o éxitos de los Estados Unidos traducidos para el público latinoamericano.

Durante este tiempo, Gloria Estefan surgió claramente como la cantante principal del grupo. Hacía mucho tiempo, aún antes de casarse con Emilio, que intentaba superar su timidez y asumir un puesto más clave para MSM. Su prima Merci y el marido de Merci, Raúl Murciano, dejaron el grupo en 1982; ese mismo año Gloria se encontró al frente del grupo, cantando casi todas sus canciones. Le había costado mucho tiempo, paciencia y esfuerzo pero a Gloria Estefan nunca más se le encontraría "tocando maracas desde el fondo," como lo había hecho en su primera actuación con los Miami Latin Boys.

El éxito de MSM en Latinoamérica les proporcionó a Gloria y a Emilio Estefan la oportunidad de viajar mucho más que la mayoría de la gente a una edad tan joven. Actuaron en casi todos los países del hemisferio occidental durante el principio de los años 80 y tuvieron varias experiencias memorables. Lo que Gloria recuerda más gráficamente es algo que pasó en el país centroaméricano de Costa Rica. "Tuvimos la oportunidad hace mucho tiempo de actuar en una especie de hogar para niños que hay en Costa Rica. Dimos un concierto benéfico y reunieron el dinero y

construyeron un nuevo edificio para el hogar de niños y lo llamaron por nosotros. Cuando volvimos dos años después para dar otro concierto, nos ofrecieron un almuerzo y los niños cantaron para nosotros y verdaderamente fue muy bonito. . . . Fue emocionante mirar hacia atrás y ver a los muchachos [en el grupo] llenárseles los ojos lágrimas."

Gloria y MSM tuvieron otro tipo de emoción en 1985, cuando estaban a punto de actuar para un público de 40,000 personas en un estadio en El Salvador. El país centroamericano había sido desgarrado por la violencia y la guerra civil durante años, y el estar preparado para cualquier tipo de problema era una parte de la vida diaria. Cuando subió al escenario, por ejemplo, Estefan era acompañada por tres guardaespaldas que llevaban metralletas Uzi. Era natural que ella y los demás miembros del grupo estuvieran nerviosos al encontrarse en un ambiente tan militar.

Gloria Estefan y la Miami Sound Machine (MSM) actúan en Ciudad de México, México. Aunque MSM gozaba de un éxito enorme en Latinamérica, el grupo era casi desconocido en los Estados Unidos antes de 1984: actuaban y grababan en español, y sus productores en Discos CBS les consideraban un grupo puramente de orientación latina.

Así que cuando una serie de explosiones de repente llenó el cielo encima del estadio, Estefan y los otros músicos de repente "se tiraron a cubierta," según ella. Un momento más tarde se dieron cuenta de que las "explosiones" eran fuegos artificiales que se habían lanzado para darles la bienvenida al escenario. Avergonzados, se pusieron de pie y se quitaron el polvo mientras el público se reía y aplaudía.

Las giras y las actuaciones en vivo, por exitosas que sean, representan sólo la mitad del trabajo necesario para ser un grupo musical. Los cantantes y los músicos también tienen que lanzar discos; de hecho, se organiza la mayoría de las giras y actuaciones para promocionar los discos. Después de haber firmado con CBS, MSM siguió grabando LP's. Entre 1981 y 1984, el grupo grabó cuatro LP's con Discos CBS Interacional: *Renacer* (1981), *Otra vez* (1981), *Río* (1982), y *A toda máquina* (1984). Todos estaban en español. Contenían mezclas de baladas, melodías de baile disco, música pop ligera y música latina más tradicional, tal como piezas de salsa y rumba. Los LP's se vendían bastante bien en el mercado latino en los Estados Unidos y en Europa, y lograron mucho éxito en Centroamérica y en Suramérica. En Perú, Panamá y un puñado de países, MSM obtuvo el puesto número uno en las listas de ventas de discos.

Para 1984, MSM estaba en una posición curiosa. Eran uno de los grupos más populares y que más dinero ganaban del mundo pero en su propio país eran casi unos desconocidos fuera del superespecializado mercado de música latina. Kiki García y los Estefan estaban a punto de cambiar todo eso con un éxito sorpresa que abrió el camino para el primer éxito "crossover" latino del mundo de la música.

CORTANDO POR LOS DOS LADOS

Gloria Estefan y la Miami Sound Machine penetraron el mercado pop en 1984 con el disco "Dr. Beat," grabado en inglés. Fue un éxito rotundo y le convinció a Emilio Estefan que MSM podía atraer a una gran cantidad de aficionados entre el público angloparlante.

En 1984, Kiki García compuso una canción llamada "Dr. Beat." Era una canción tonta pero agradable con un animado ritmo de baile latino y un estribillo tintineante repetitivo. García compuso la letra en inglés, y la orquesta, como de costumbre, la tradujo al español. Esta vez, sin embargo, descubrieron que la letra simplemente no podía ser traducida a palabras españolas que siguieran el ritmo de la música. Emilio Estefan decidió en ese momento que la Miami Sound Machine debía lanzar la canción en inglés—podría atraer a aficionados angloparlantes y significar un triunfo para el grupo. Le propuso a la compañía de discos el plan que tenía en mente.

A Discos CBS Internacional no le gustaba la idea de que su grupo hispanoparlante más exitoso grabara un disco en inglés, pero después de largas discusiones la compañía acordó lanzar "Dr. Beat" como el lado B de una nueva balada de MSM en español. (El lado B de un disco sencillo es el lado que según los productores tiene menos posibilidades de ser un éxito; el lado A es el que se promociona.) El resultado sorprendió a

73

Gloria Estefan, acompañada de Nayib y Emilio, es la primera en dejar sus huellas en el "Bulevar de las estrellas" en Scheverningen, Holanda. El éxito del álbum Primitive Love *en 1985 había lanzado a Gloria Estefan y a la Miami Sound Machine hacia la fama internacional.*

todos. "Dr. Beat" desató el interés de los disc jockeys en una emisora de radio bilingue en Miami. Mientras los disc jockeys de la emisora tocaban la balada del lado A, los disc jockeys anglosajones tocaban "Dr. Beat." Pronto, otras emisoras en la zona también dedicaban tiempo al lado B. Entonces, CBS lanzó un sencillo de baile de 12 pulgadas de "Dr. Beat," que de repente fue un éxito. La canción alcanzó la posición número 10 en las gráficas de música de baile en los Estados Unidos y se convirtió en una de las canciones más populares en Europa. Alcanzó los 5 Principales en el mercado pop y el número uno en el mercado de baile. Durante varios meses fue la canción más pedida en los discos ingleses, y era tan popular en España que MSM hizo un viaje especial a ese país para promocionarlo. (Irónicamente, puesto que el disco estaba en inglés, los anfitriones españoles no se daban cuenta de que los miembros de MSM hablaban español, así que se proporcionaron intérpretes al grupo.)

El éxito de "Dr. Beat" le convinció a Emilio Estefan de que MSM podría competir con éxito en el mercado pop de lengua inglesa. Decidió que el grupo debería lanzar un álbum en inglés y presionó a Discos CBS para que apoyara este plan. Con las ganancias que traía "Dr. Beat" de todas partes, la companía de discos acordó apoyar la tentativa de "crossover" de MSM. Se trasladó a MSM de Discos CBS Internacional a la compañía de Discos Epic, la división internacional de música rock de CBS. El grupo reunió diez canciones, todas en inglés, compuestas por García y los Estefan en un álbum llamado *Eyes of Innocence* (Ojos de inocencia).

Eyes of Innocence se lanzó en 1984. Aunque contiene algunas canciones agradables y bailables y una lírica balada clásica de Gloria Estefan, el LP simplemente no era lo bastante bueno para convertir en estrellas a los miembros de la Miami Sound Machine. Pero su próximo album, *Primitive Love* (Amor primitivo), lanzado en 1985, precipitó al grupo al estrellato. A los angloamericanos que nunca habían escuchado ni emisoras ni discos latinos, les parecía como si MSM hubiera surgido de la nada con una serie de éxitos del album, uno tras otro. Sólo el séquito de leales aficionados hispanos sabía que hacía más de una década que MSM luchaba por lograr ese éxito.

El primer éxito contundente de *Primitive Love* fue una canción llamada "Conga." Era la primera canción de MSM que escuchaban muchos aficionados anglos; irónicamente era una de las canciones más característicamente latinas que grabaron nunca. Las canciones de conga tradicionalmente se tocan como el número final de una fiesta o carnaval cubano. Cuando MSM estaba de gira por Europa para promocionar

"Dr. Beat," actuaron en un concierto en Holanda y terminaron el programa con música de conga. Después del concierto, en un avión procedente de Amsterdam a Londres, Kiki García reflexionó sobre la reacción entusiasta del público al sonido de la conga. Empezó a jugar con una letra y dentro de poco se le había ocurrido "Come on, baby, shake your body, do the conga / I know you can't control yourself any longa!" ("Anda, muchacha, menea el cuerpo al compás / yo sé que con la conga ya no puedes más"). Este estribillo fue el comienzo de la penetración de MSM en la corriente de música pop norteamericana.

Al principio la industria discográfica tenía dudas sobre la canción porque no se podía encasillar con facilidad en ninguna clasificación de la industria. Gloria recuerda que cuando el grupo primero la interpretó para un productor, él se quejó que era demasiado norteamericana para el público latino y demasiado latina para el público norteamericano. "Yo le dije, 'Gracias, eso es exactamente lo que somos. ¡Somos una mezcla!'" recuerda.

Tan pronto como se lanzó *Primitive Love,* "Conga" empezó a ascender en las listas del mercado pop de los Estados Unidos. Consiguió el número 10, convirtiéndose así en la primera canción de MSM que alcanzaba los 10 Principales en los Estados Unidos. El verdadero acontecimiento importante, sin embargo, fue cuando "Conga" apareció en la revista *Billboard,* en las listas de la música de baile, pop, latina y afroamericana a la vez.

"Conga" introdujo nuevos ritmos a muchos aficionados que no conocían la música latina. Cuando Gloria Estefan y MSM se fueron de gira para promocionar el LP, muchas veces el público se ponía de pie y bailaba la conga al ritmo del número final del grupo. Por una temporado, según Gloria, el record no oficial para la fila de conga más larga del mundo

Una multitud jubilosa en el Festival de la Calle Ocho de Miami ejecuta la conga, una baile cubano tradicional de orígen africano. "Conga" de MSM fue el primer sencillo en la historia del disco que apareció al mismo tiempo en las siguientes listas de música de la revista Billboard: de baile, latina, afroamericana y pop.

pertenecía a un público en Burlington, Vermont, donde más de 11,000 personas bailaron la conga mientras ella cantaba. Más tarde se batió ese récord de forma espectacular en un carnaval en Miami: Ahí, una multitud estimada en 119,000 personas bailó la conga a través de las calles al ritmo de la música de MSM.

"Conga" fue un éxito, pero MSM aún no se había establecido como un éxito popular dentro de la corriente principal. Cientos de grupos que han irrumpido en la escena musical con un éxito importante han desaparecido en el anonimato poco tiempo después. Algunos escépticos en la industria del espectáculo pensaban que posiblemente era éste el destino de MSM; pues había triunfado con una novedad, un número de baile original, pero podía ser incapaz de producir más éxitos. Gloria reconoció que MSM no tenía ninguna intención de ser clasificada como "la orquesta de conga." Explicó, "No se puede fundar una carrera en las congas, ni aún en el mercado hispano. Es sólo una cosa, una vez por la noche, al final; es una catarsis para todo el mundo, y eso es todo—no puedes tocar diez."

MSM exhibió la amplia gama de sus talentos y reveló el error de los escépticos de la industria discográfica cuando el álbum de *Primitive Love* produjo dos éxitos más de los 10 Principales. Uno era "Bad Boy" (Malo), una melodía exuberante con ritmo de baile que alcanzó la posición número ocho en las listas. El otro era "Words Get in the Way," (Las palabras se interponen) que llegó a ser número cinco. "Palabras" era la primera de las baladas inglesas de Gloria Estefan que tuvo una amplia difusión entre el público pop, y que la estableció enseguida como una cantante sensible y capaz, con una voz cálida y distinguida; sus canciones le recordaban a muchos a la fallecida Karen Carpenter, una vocalista conocida por sus baladas románticas. El crítico de música Bill Frein, escribiendo en *Billboard,* sostenía que "Words Get in the Way" fue un momento crucial para MSM porque comprobó que el grupo podía producir otras cosas "además de sencillos novedosos, aptos para fiestas." "Palabras" fue hasta ese momento el éxito principal de MSM en los Estados Unidos; pero había otra razón por la que Gloria Estefan sentía hacia la canción un afecto especial. La compuso después de que Emilio y ella habían tenido lo que ella describe como "una discusión por una tontería," y se dió cuenta que "no había dicho lo que verdaderamente había querido decir. Ahí es donde tuve la idea para 'Words Get in the Way.'" La canción estableció a Gloria como una compositora de canciones y condujo a una serie de baladas que le valdrían un premio de composición varios años después. También señaló una transición en el estilo de MSM. Empezando con "Words," hubo un cambio de dirección del grupo hacia baladas sencillas, llenas de emoción, aunque cada álbum contenía varios temas vivaces de inspiración latina y las rápidas y animadas canciones pop que constituían el material principal de los conciertos de MSM. Estefan reconoció que aunque le encantaba cantar y bailar al ritmo de los números alegres, "las baladas son fundamentalmente lo mío. Es que me parece que te puedes expresar de manera más completa y más elocuente en una balada. Es más fácil identificar con otra persona y formar un vínculo con el público."

Primitive Love trajo muchos cambios tanto a la vida profesional como a la vida personal de los Estefan. Por un lado, el éxito del álbum extendió la fama del grupo mucho más allá de Miami. La compañía de Pepsi-Cola, que había patrocinado la gira de *Primitive Love,* le pagó a MSM una cantidad de siete cifras para hacer un anuncio de Pepsi-Cola con melodía de

El cantante español de baladas, Julio Iglesias, que atrae tanto al público anglo como al público latino, fue otra influencia importante en MSM. Aunque se conoce principalmente por sus animadas melodías de baile, MSM también interpretaba varias baladas, muchas de ellas compuestas por Gloria Estefan.

"Conga." Canciones de MSM aparecían en la banda sonora de dos películas importantes: *Top Gun* con Tom Cruise y *Cobra* con Sylvester Stallone. (También se usó música del grupo en las bandas sonoras de *Stakeout* y *Three Men and a Baby* (Tres solteros y un bebé) aproximadamente un año después.) Miami estaba tan orgullosa de sus nuevas estrellas que el ayuntamiento nombró de nuevo la calle donde vivían los Estefan el Bulevar Miami Sound Machine.

Otro cambio tenía que ver con el equipo de producción del grupo. Los coproductores de Emilio Estefan en la producción de *Primitive Love* fueron tres muchachos de Miami, Joe Galdo, Rafael Vigil y Lawrence Dermer, que se llamaban "the Three Jerks" (los tres tontos). Galdo y Dermer habían sido invitados a colaborar en *Eyes of Innocence*. Después de eso, "los tres tontos" trabajaban en una banda sonora para un LP de ejercicios a ritmo de salsa. Estefan escuchó su trabajo y los contrató para ayudarlo a producir *Primitive Love;* algunas canciones en el álbum de MSM, incluido el éxito "Bad Boy" (Malo), eran versiones de las melodías "salsa-cicio" de los Jerks. Más tarde "los tres tontos" exigirían ser reconocidos debidamente por desarrollar lo que llegó a llamarse "el sonido Miami," una fusión de música disco y de influencias latinas con muchas capas de música de sintetizador añadidas a cada banda en el estudio.

El gran éxito popular de *Primitive Love* también motivó a Gloria Estefan a elaborar aún más su imágen y su aspecto físico. Había perdido mucho peso a lo largo de los años, tanto que en la décima reunión de su año de la escuela secundaria, varias de sus antiguas compañeras de clase no la reconocieron. Pero a finales de los años 80 en que la buena condición física estaba ya establecida como el nuevo ideal norteamericano y los artistas hacían ejercicio como si fueran atletas profesionales, ella pensó que podía rebajar aún más y cultivar un aspecto más atlético. Con la ayuda de un entrenador personal que la motivó a correr y la entrenaba en sesiones diarias de ejercicio, Estefan rebajó unos 50 kilos (102 libras) y mantuvo su peso en ese punto. Vigilaba con cuidado su régimen alimenticio y hacía ejercicio diariamente en una bicicleta de ejercicio que traía con ella cuando se iba de gira.

El éxito de *Primitive Love* agradó a la compañía de discos Epic que propuso seguirlo con otro álbum más popular aún. Se realizaron sus esperanzas en 1987, dos años después de *Primitive Love,* cuando Gloria Estefan y MSM lanzaron el álbum *Let it Loose* (Suéltate). Vendió tres millones de discos y produjo cuatro éxitos de los 10 Principales: "1-2-3" y "Rhythm Is Gonna Get You" (El ritmo te va a encantar), canciones animadas para bailar ("Ritmo" se basa en un ritmo latino llamado bembe), y "Anything for You" (Cualquier cosa para tí) y "Can't Stay Away from You" (No puedo estar lejos de tí), baladas melancólicas de amores frustrados. Una quinta canción, "Betcha Say That," (Apuesto que dices eso) otro tema animado, alcanzó los 40 Principales.

Tal como "Words Get in the Way" (Las palabras se interponen) había significado, un acontecimiento importante en *Primitive Love,* "Anything for You" fue un logró especial en *Let It Loose,* un triunfo para ambos Estefan. Gloria la compuso deprisa, casí sin querer, en una hamburguesería antes de llegar a su cita de trabajo en el estudio de grabación. Grabó las partes vocales en una sola toma y Emilio y los demás productores trabajaron toda la noche para perfeccionar el acompañamiento musical. La compañía Epic no quería incluir la canción en el álbum, juzgándola demasiado sencilla y escueta. Emilio Estefan no estaba de acuerdo. Tenía confianza en la canción y pensaba que podía ser un éxito. Insistió en que se incluyera y Gloria, confiando en ambos su canción y la intuición empresarial de su marido, lo apoyó. Epic les permitió a los Estefan hacer lo que quisieran y "Anything for You" se convirtió en el primer éxito número uno del grupo. "Cuando pienso en cuánto trabajé en otras canciones como 'No puedo estar lejos de tí,' es verdaderamente asombroso," le dijo Gloria Estefan a un periodista. "No puedo creer que sea número uno en todo el país."

Let It Loose permaneció en las listas de los Estados Unidos por más de dos años. También fue un éxito en todo el mundo. En Inglaterra, donde "Anything for You" estuvo en las listas por más de un año, *Let It Loose* fue retirado de las tiendas y lanzado de nuevo con el título de *Anything for You,* después de lo cual se agotó casi de la noche a la mañana. También tuvo éxito en Holanda, Escandinavia y Japón. Gloria Estefan pasó un total de 20 meses de gira para promocionar el álbum, actuando en los Estados Unidos, Canadá, Japón y el sureste de Asia.

Uno de los acontecimientos principales de la gira en mayo de 1988 fue una actuación en la Zona Desmilitarizada entre Corea del Norte y Corea del Sur. "Se trajeron a tres miembros de nuestro grupo, a Bob Hope y a Brooke Shields, para dar un concierto especial para aproximadamente 2,000 soldados norteamericanos," recuerda Estefan. El concierto fue un éxito—salvo que se estaba filmando el espectáculo para mostrar en las Olimpiadas en Seúl, Corea del Sur y el camarógrafo tuvo dificultades para abarcar a Shields, que mide casi 2 metros (6 pies) y Estefan, que mide poco más de 1 metro, 52 centímetros (unos 5 pies) en la misma fotografía. La gira mundial de MSM terminó con dos conciertos masivos en Miami. Miles de aficionados de Gloria Estefan de su ciudad acudieron para darle la bienvenida a su vuelta. Esos conciertos fueron filmados para ser presentados en la cadena Showtime de la televisión de cable y luego

Estefan bromea durante la filmación de un video musical en 1989. Durante su primer video en 1987 ella tuvo que actuar en una escena romántica con un joven y guapo actor. Fue una experiencia incómoda para Estefan pero estaba decidida a cumplir con su papel: "Me dije que era importante. Que tenía que hacerlo. Y hacerlo bien."

fueron lanzados en el vídeo *Homecoming Concert* (Concierto de regreso al hogar).

La gira *Let It Loose* significó un cambio importante para Gloria Estefan. Por primera vez desde que se casó, no era acompañada por Emilio. Después de grabar *Let It Loose,* Emilio Estefan había decidido retirarse de su rol como batería del grupo para que pudiera dedicarse a la producción. Además de producir todos los discos de MSM, su compañía productora ha hecho también discos para Clarence Clemons de la E Street Band de Bruce Springsteen, Julio Iglesias, el guitarrista de jazz japonés Takanaka y el cantante pop japonés Seiko, entre otros. Puesto que ya no actuaba, Emilio pudo quedarse en Miami con Nayib que no quería dejar su escuela y su equipo de la liga juvenil de béisbol durante la gira. Gloria estaba de acuerdo que era mejor que Nayib estuviera en casa con un padre,

que de gira con ambos padres. Ella canalizó sus sentimientos ocasionales de pérdida y de soledad en la composición de canciones, preparando un puñado de baladas que expresan una tristeza que parte el alma para el siguiente álbum.

La conclusión de la gira *Let It Loose* efectuó cambios en el personal de MSM. Kiki García el último miembro que permanecía del grupo original, además de Gloria Estefan, dejó MSM, quejándose de que el grupo se había convertido en una masiva empresa de negocios y un vehículo para estrellas. "No hay ninguna Miami Sound Machine," sostuvo García. "Sólo hay Gloria y Emilio diciéndoles a un montón de músicos a sueldo lo que deben hacer."

Más o menos en el mismo momento en que se iba García de MSM, Emilio Estefan y "los tres tontos" fueron nominados para el Premio de Música Americana (American Music Award) en la categoría de Mejores Productores. El Premio fue concedido al productor de Whitney Houston, pero la nominación fue un gran honor. Gloria y MSM salieron mejor: Recibieron el Premio por Mejor Grupo Pop/Rock del año. Después de la ceremonia, Emilio Estefan les ofreció a "los tres tontos" un contrato para trabajar con él y con MSM exclusivamente. Cuando se negaron porque querían perseguir otros proyectos mientras producían el próximo LP de MSM, Estefan terminó bruscamente su conexión con el grupo. Sus antiguos coproductores reaccionaron amargamente a su despido, sosteniendo que Estefan se había adjudicado el reconocimiento por la creación de un sonido exitoso que en realidad era la obra de ellos.

Estefan se dispuso inmediatamente a trabajar en un nuevo álbum con diferentes coproductores—Jorge Casas y Clay Ostwald, dos músicos que habían formado parte del equipo de *Let It Loose.* En uno de los tres estudios de grabación en el nuevo complejo de oficinas de MSM en Miami, produjeron un álbum en 1989 llamado *Cuts Both Ways* (Corta por los dos lados). Siete de las 10 canciones del álbum fueron compuestas por Gloria Estefan. "Miami Sound Machine" no aparecía en la portada del álbum y la mayoría de las tiendas de discos archivaron los discos, casetes y discos compactos bajo *E,* no *M.*

Cuts Both Ways derivó su nombre de una de las canciones en el álbum, pero era también un juego de palabras. En la terminología de la industria dis- cográfica, un "corte" es una canción en un álbum y este álbum contenía cortes, o canciones, en ambos inglés y español, aunque la mayor parte eran en inglés. Gloria Estefan también hizo varios videos en español de canciones en el álbum que han aparecido tanto en los Estados Unidos como en Latinoamérica. Implementando su talento para las lenguas, hasta grabó varias canciones en portugués para ser lanzadas en Brasil donde se habla portugués. Sus letras para el álbum le merecieron el Premio por Mejor Composi- tor de Canciones del Año de BMI, una organización que vende los derechos de representación de música popular y que trata con casi todos los artistas y compositores en el campo. "Creo que el premio le ayudará a la gente a percibirme de otra manera," dijo. "Muchas veces, las personas sólo escuchan la música sin prestar atención alguna a la letra. Es bonito que me honren de esta forma, porque le obliga a la gente a despertarse y a prestar atención."

La compañía de discos Epic tenía muchas esperanzas para *Cuts Both Ways,* confiando que el álbum permaneciera en las listas por muchos años y que ganara de $5 a $6 millones. Ambos Epic y los Estefan se emocionaron cuando un sencillo del álbum, una balada llamada "Don't Wanna Lose You," (No te quiero perder) alcanzó el número uno en las listas, la segunda canción del grupo que lo hacía. Otra

Estefan ensaya con el cantante español de ópera Plácido Domingo antes de un concierto en el Parque Central de Nueva York en 1988. Para estas fechas, Estefan claramente había llegado a ser el centro de la Miami Sound Machine. Kiki García, que dejó el grupo en este momento, se quejaba de que MSM se había convertido demasiado en un vehículo de estrellas.

canción de *Cuts Both Ways,* "Get on Your Feet" (Ponte de pie), un número exuberante y alegre cantado por todo el grupo, también alcanzó los 10 Principales. La gira que los Estefan y los discos Epic habían organizado para promocionar *Cuts Both Ways* derivaba su nombre de esta canción.

La gira se puso en marcha en Europa y empezó muy bien. En septiembre y en octubre de 1989, Gloria Estefan actuó en una serie de conciertos que fueron un éxito de taquilla en Inglaterra, Escocia, Holanda y Bélgica. Esta parte de la gira concluyó con tres noches en el Estadio Wembley en Londres. Esta vez, Nayib quiso ir con ellos; por tanto los Estefan viajaron como una familia.

Hubo problemas cuando empezó la parte estadounidense de la gira más tarde en el otoño. Gloría padecía de gripe y de un dolor de garganta, pero no quería cancelar ningún compromiso, por lo tanto siguió adelante con los conciertos. Su salud fue empeorando, sin embargo, y tuvo que cancelar dos actuaciones en el medio-oeste porque no podía cantar. En ese momento consultó a un especialista que

le dió unas noticias muy graves: La tos constante
causada por el dolor de garganta había ocasionado una
ruptura de un vaso sanguíneo en la garganta y había
comenzado una infección. El médico le dijo que para
evitar daños permanentes a la garganta tendría que
dejar de cantar por lo menos por dos meses, y no
debería ni hablar por dos semanas. Se aplazó la gira
y Esfefan volvió a Miami para curarse de la infección
y recuperar fuerzas.

Volvió a sus actividades a principios de enero
de 1990, figurando como una de las animadoras
del espectáculo de los American Music Awards.
Unas pocas semanas después, actuó en otro evento
especial de la industria de la música, los Premios
Grammy. Con motivo de "Don't Wanna Lose You,"
Gloria Estefan fue nominada por el Premio Grammy
por Mejor Interpretación Vocal Feminina y Emilio
Estefan fue nominado por el Premio Grammy
por Productor del Año. Aunque ninguno ganó, las
nominaciones añadieron una chispa a su renovada gira
norteamericana. A comienzos de marzo, en el elegante
"21" Club de Nueva York, Discos CBS honró a Gloria
Estefan y MSM con el Premio del Globo de Cristal,
que la compañía concede a los artistas que venden 5
millones o más discos fuera de su país de orígen.
El premio había sido presentado sólo 27 veces desde
sus comienzos en 1974.

Durante las semanas siguientes, Gloria Estefan
estaba constantemente en movimiento mientras
ponía fin a la gira norteamericana, permitiéndose sólo
una escapada para visitar la Casa Blanca, donde el
Presidente Bush la elogió por su colaboración en la
lucha contra la droga. Estaba anticipando un corto
descanso antes de empezar una gira de Suramérica
para promocionar *Cuts Both Ways*. Pero el accidente
en una autopista nevada en Pennsylvania el 20 de
marzo cambió todo eso.

DE PIE OTRA VEZ

Gloria Estefan es recibida por su hijo, Nayib, en el Areopuerto Internacional de Miami el 4 de abril de 1990, después de ser dada de alta en el Hospital for Joint Diseases (hospital de enfermedades de las articulaciones) en Nueva York. En las semanas siguientes, Estefan recuperó lentamente sus fuerzas y su agilidad bajo la dirección de un fisioterapista.

Mientras yacía en una habitación de hospital en Scranton, escuchando a los médicos decirle que se había lesionado la columna vertebral, Gloria Estefan recuerda lo que le había pasado por la mente en los momentos que siguieron el impacto: "Aquí está. Esto es lo que estaba esperando."

"He tenido miedo toda mi vida de ser una inválida," explica Estefan. Nunca se había olvidado de cómo había sido asistir a su padre durante su largo y lento deterioro. "Era un hombre muy atlético, fuerte y guapo," recuerda. "Durante años y años lo observé debilitarse y morir. Vi los resultados que ésto tuvo en la gente que lo rodeaba—en su familia. Toda mi vida he tenido la premonición de que iba a ser una carga para la gente que amo."

Cuando los médicos le dijeron a Emilio Estefan que su esposa se había lesionado la columna, se desmayó. Unos momentos después, cuando había vuelto en sí, lo llevaron, pálido y aturdido, en silla de ruedas a la habitación de Gloria. La mano estaba vendada donde había sufrido una herida en el choque, pero estaba tan preocupado por Gloria y Nayib que se descuidó de someterse a un reconocimiento médico.

No fue hasta casi una semana después que los médicos descubrieron que había sufrido una dislocación del hombro y que se había roto una costilla.

Por el momento, su atención y la de Gloria estaban clavadas en los médicos, que explicaban los diferentes modos de tratamiento para la lesión. Dos de las vértebras en medio de la columna fueron fracturadas. Según el Dr. Harry Schmaltz, que la asistió en el Centro Médico de la Comunidad de Scranton, el accidente por poco secciona la médula espinal de Estefan. "Si la columna vertebral se hubiera movido un centímetro y pico más," informó, "se habría paralizado por completo." El tratamiento tradicional para ese tipo de lesión habría requerido que Estefan permaneciera inmóvil en una escayola durante seis meses mientras los huesos se unían. Este método ofrecía pocas esperanzas para una recuperación total. Un tipo de tratamiento más reciente presentaba más riesgos pero más posibilidad de recuperación. Este tratamiento requería una intervención quirúrgica de la columna. La cirugía presentaba el peligro de infección y, posiblemente, de una parálisis permanente. Por otro lado, una operación les permitiría a los médicos evaluar la extensión de la lesión sufrida por los nervios de la médula espinal y posiblemente les permitiría reparar las dos vértebras fracturadas. Gloria decidió en favor de la intervención quirúrgica.

La siguiente cuestión tenía que ver con la selección del cirujano y del hospital. "Fue una decisión difícil," recuerda Estefan. "No quería que los médicos de Scranton pensaran que no tenía confianza en ellos, pero quería un cirujano que hiciera este tipo de operación todos los días." Después de varias horas de llamadas nerviosas a amigos, contactos y cirujanos ortopédicos (que se especializan en cirugía de los huesos) Emilio obtuvo el nombre del Dr. Michael Neuwirth del Hospital de Enfermedades de las Articulaciones (Hospital for Joint Diseases) de Nueva York. Neuwirth voló a Scranton en seguida para someter a Estefan a un reconocimiento médico y la acompañó mientras se le trasladaba a Nueva York por helicóptero al día siguiente. Neuwirth se maravilló de la fortaleza y buen humor de Estefan. "¡De qué manera aguanta el dolor!" Le dijo a un público de más de 50 reporteros y periodistas en una rueda de prensa en el hospital. "Ir en un helicóptero con la columna lesionada durante 45 minutos debió ser incómodo. No se le asomó queja alguna."

De hecho, Estefan padecía un dolor constante. Casi inmediatamente después de su llegada al Centro Médico de la Comunidad de Scranton, la engancharon a un respirador porque los órganos de su cuerpo simplemente habían dejado de funcionar frente al trauma masivo que padecía la columna. Le dieron medicamentos para suprimir el dolor, pero no lo eleminaban por completo, y nunca duraban bastante. "Comencé un ciclo horrible de dolor y de calmantes," recuerda. Pero añade que el dolor fue atenuado por el diluvio de comunicaciones expresando el deseo que se mejorara pronto, que empezaron a llegar en cuanto se hizo pública la noticia del accidente.

La noticia causó conmoción y tristeza en Miami. Las emisoras de radio empezaron a tocar las canciones de Estefan sin parar; el *Miami Herald* imprimió una página entera con un mensaje deseándole que se mejorara pronto y que los fans podían recortar para mandárselo; y una emisora de televisión estableció un número de teléfono 900 para llamadas deseándole una recuperación rápida. Pero la reacción al accidente no se limitaba a la ciudad donde residía Estefan. Recibió más de 48,000 tarjetas, faxes y cartas de todas partes del mundo, además de 3,000 telegramas y 4,000 arreglos florales. Sus colegas músicos Elton John,

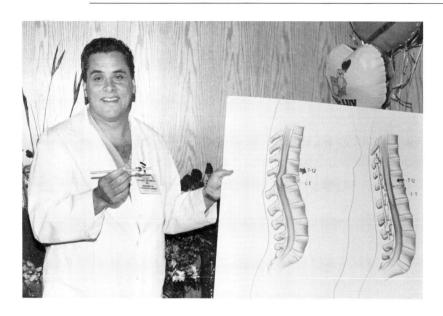

El Dr. Michael Neuwirth les muestra a los reporteros un diagrama explicando la lesión a la columna verte-bral de Estefan. En la mano derecha, Neuwirth sostiene una de las varas de acero que insertaría durante la operación al día siguiente; con las varas esta-bilizando la columna, las vértebras fracturadas de Estefan sanarían.

Madonna, Whitney Houston y Celia Cruz la llamaron o la visitaron en el hospital.

La mayoría de los mensajes que recibió Estefan, sin embargo, fueron enviados por aficionados normales y personas que le deseaban todo lo mejor. Un ejemplo típico era un fax que decía: "Si lograste salir de Cuba, apostamos que lograrás salir de ésta." Firmaban: "Dos cubanos y un montón de muchachos de las Naciones Unidas." Estefan dijo que este chorro de interés la emocionó profundamente e hizo mucho más llevad-era esta experiencia penosa. "Era como una energía que podía sentir en el hospital. Me ayudó a aguantar todo ese dolor." Su habitación estaba inundada de flores, así que Estefan guardó algunas rosas blancas para ella y compartió el resto con otros pacientes en el hospital y con el pabellón de SIDA del hospital local de la Administración de Veteranos.

El Dr. Neuwirth llevó a cabo la cirugía el 23 de marzo. La intervención duró casi cuatro horas. Primero, Neuwirth hizo una incisión vertical de unos 32 centímetros (14 pulgadas) en el medio de la espalda de Estefan. Después, empleando una técnica que se había empezado a usar a principios de los años 80, Neuwirth introdujo dos varas de acero inoxidable de unos 20 centímetros (8 pulgadas) de largo a cada lado de la columna para sostener las vértebras fracturadas y aliviar la presión en los nervios de la médula espinal. Las varas permanecerían por toda la vida; Estefan bromeó después que su marido empezó a llamarla RoboCop a causa de los trozos de metal que lleva dentro y que se había resignado a encender los detectores de metal en los areopuertos por el resto de su vida.

Neuwirth entonces extrajo tejido óseo de la pelvis (a través de la misma incisión), la molió y la insertó al lado de las varas, donde con el tiempo, se fundirá con los trozos de vértebra fracturada para formar una banda tiesa de hueso. Finalmente un cirujano estético cerró la incisión con más de 400 puntos. Casi en seguida, Neuwirth pudo darse cuenta de que la intervención había sido un éxito. Antes de la cirugía, los monitores electrónicos habían mostrado que la lesión a la columna interfería con el funcionamiento de los nervios en las piernas y en el lado izquierdo; esta función neurológica empezó a mejorar inmediatamente después de que las varas estaban colocadas. Para esa tarde, Neuwirth pudo anunciar que si la recuperación de Estefan salía tan bién como había salido la operación, podía contar con que recuperara un 95 a 100 por ciento de su agilidad anterior.

El 4 de abril de 1990, Gloria Estefan volvió a Miami y se dedicó a su recuperación con la misma intensidad que había aportado anteriormente a la música. Bajo la supervisión de sus médicos, trabajaba con un fisioterapista y empleaba ejercicios de tensión y de aerobics en la piscina para fortalecerse sin poner presión en la columna. Cada paso logrado le proporcionaba placer—la capacidad de inclinarse sobre el lavamanos para lavarse la cara, por ejemplo, o de calzarse ella sola.

Estefan esperabar poder volver al escenario a principios de 1991. Proyectaba una gran gira de conciertos para celebrar su recuperación y para fomentar las ventas de *Cuts Both Ways*. Aún antes del accidente, había compuesto varias canciones para un álbum futuro y durante su recuperación seguía componiendo y ensayando experimentos con la música en el piano y en un sintetizador computerizado. A nivel personal, los Estefan habían estado planeando tener otro hijo pero se dieron cuenta de que tendrían que esperar un año o más para que la lesión de Gloria estuviera completamente curada.

Sin duda, Estefan estaba decidida a que el accidente no debiera tener ningún efecto a largo plazo, ni en su vida ni en su trabajo. "No pienso cambiar mi

Para septiembre de 1990, Estefan había mejorado hasta tal punto que podía colaborar en actividades públicas y proyectaba una gira de conciertos para 1991. "Cuando pienso en lo que pudo haber pasado," dijo, "me siento mejor—y más afortunada—todos los días."

rutina en el escenario," insistió. "Seguiré siendo, espero, capaz de bailar y de moverme espontáneamente, según cómo me inspire la música." Pero habrá un cambio forzoso: afirmó que todo vehículo en que se montara estaría equiparado con cinturones de seguridad. Durantes los meses que siguieron el accidente, estaba nerviosa cuando iba en un automóvil. "Ahora no puedo dejar de mirar por el espejo retrovisor," reconoció. "Sigo pensando que cuando chocaron con nosotros, éramos tan vulnerables." Los Estefan han presentado una demanda de un millón de dólares contra el residente canadiense Gerardo Samuels, conductor del camión que chocó contra el "Odyssey." Según la Policía Estatal de Pennsylvania, el camión de Samuels tenía frenos defectuosos y estaba siendo conducido a una velocidad peligrosa.

En septiembre de 1990, Gloria Estefan apareció en público por primera vez desde el accidente. En un segmento de película que fue filmado en Miami, saludó a los televidentes del Telethon de Jerry Lewis en el Día del Trabajo para la Asociación de la Distrofia Muscular. En una entrevista, reflexionó sobre los acontecimientos que casi habían puesto fin a su carrera y a su vida. "Irónicamente, estoy más relajada ahora," dijo. "Siempre pensaba que las cosas iban demasiado bien. Algo tenía que pasar—y ahora ha pasado. Me imagino que me vale por unos años más. Y después de tanto dolor, estoy disfrutando de cada segundo; la cosa más insignificante me divierte mucho más. Cuando pienso en lo que pudo haber pasado, me siento mejor—y más afortunada—todos los días." En todo momento durante su recuperación, Gloria Estefan le prometió a sus fans que pronto volvería al estudio y al escenario en mejor condición que nunca. "Hará falta trabajar muy duro," dijo, "pero nunca me ha asustado el trabajo." Su vida y su carrera dan amplio testimonio de éso.

DISCOGRAFÍA

Álbumes

1978	*Miami Sound Machine*
1979	*MSM Imported*
1980	*MSM*
1981	*Renacer*
1981	*Otra Vez*
1982	*Río*
1984	*A Toda Máquina*
1984	*Eyes of Innocence* (Ojos de inocencia)
1985	*Primitive Love* (Amor primitivo)
1987	*Let It Loose* (Suéltate)
1989	*Cuts Both Ways* (Corta por los dos lados)

Video

1989	*Homecoming Concert* (Concierto de regreso al hogar)
1990	*Evolution* (Evolución)

Exitos "single"
(con la posición más alta en la lista)

"Conga"	10
"Bad Boy" (Malo)	8
"Words Get in the Way" (Las palabras se interponen)	5
"Falling in Love (Uh-Oh)" (Enamorándose)	25
"1-2-3"	3
"Anything for You" (Cualquier cosa para tí)	1
"Can't Stay Away from You" (No puedo estar lejos de tí)	6
"Betcha Say That" (Apuesto a que dices eso)	36
"Rhythm Is Gonna Get You" (El ritmo te va a encantar)	5
"Don't Wanna Lose You" (No te quiero perder)	1
"Get on Your Feet" (Ponte de pie)	10

CRONOLOGÍA

1957	Gloria María Fajardo nace 1 de septiembre en La Habana, Cuba
1959	El revolucionario comunista, Fidel Castro, toma el poder en Cuba; la familia Fajardo se marcha a los Estados Unidos
1961	José Fajardo, el padre de Gloria, es capturado en Cuba durante la invasión de la Bahía de Cochinos
1962	Fajardo y otros prisioneros vuelven a los Estados Unidos de las prisiones de Cuba
1966	Emilio Estefan sale de Cuba para España a la edad de 13 años; llega a los Estados Unidos en 1967
1974	Estefan forma un grupo musical llamado los Miami Latin Boys
1975	Gloria Fajardo conoce a Estefan y empieza a cantar con su grupo
1976	El grupo es renombrado Miami Sound Machine (MSM)
1978	Miami Sound Machine lanza su primer LP; Gloria se gradúa de la Universidad de Miami; Gloria y Emilio se casan
1980	Nace Nayib Estefan
1981–83	MSM graba cuatro LP's en español para Discos CBS Internacional
1984	MSM lanza su primer LP de lengua inglesa, *Eyes of Innocence* (Ojos de inocencia); "Dr. Beat" es un éxito
1985	El LP *Primitive Love* (Amor primitivo), en que figura "Conga," es lanzado por MSM

1986	MSM, representando a los Estados Unidos, gana el primer premio con "Conga" en el Festival de Música de Tokio; MSM gana dos American Music Awards (Premios de Música Americana), uno por Mejores Artistas Pop Nóveles y otro por Mejores Artistas Pop de "Singles"
1987	Se lanza el LP *Let It Loose* (Suéltate)
1988	Gloria gana el premio BMI de Cantatora del año; ella y MSM ganan el American Music Award (Premio de Música Americana) por Mejor Grupo Pop/Rock del año; Emilio Estefan es nominado para un Premio de Música Americana por Mejor Productor del año; la revista *Billboard* llama a MSM el segundo grupo más popular de los Estados Unidos
1989	Se lanza el LP *Cuts Both Ways* (Corta por los dos lados)
enero 1990	Gloria es la presentadora de la transmisión de los American Music Awards (Premios de Música Americana)
marzo 1990	Gloria sufre una lesión a la columna vertebral en un accidente de carretera; después de una intervención quirúrgica se preve una recuperación total
otoño 1990	Gloria aparece en el Telethon (la función benéfica televisada) presentada por Jerry Lewis para la Asociación de Distrofia Muscular, su primera intervención en público desde el accidente; proyecta un nuevo LP y una gira en 1991

LECTURA ADICIONAL

Adrianson, Doug. "Race to the Top of the Charts." *Miami Herald,* 7 de mayo, 1988.

Coto, Juan Carlos. "1-2-3 with Gloria." *Miami Herald,* 30 de septiembre, 1988.

Díaz Ayala, Cristobal. *Musica Cubana: Del Areyto a la Nueva Trova.* 3ra. edición. Miami, Fl.: Ediciones Universal, 1993.

Didion, Joan. *Miami.* Traducción por Santiago I. González. Madrid: Espasa-Calpe, 1989.

Dougherty, Steve y otros. "Gloria Estefan's Amazing Recovery." *People,* 25 de junio, 1990.

Estefan, Gloria, y Kathryn Casey. "My Miracle." *Ladies Home Journal,* agosto, 1990.

"Gloria Estefan: Con premio la herencia hispanica." *El Informador Hispano,* 6 de agosto, 1993.

Harrington, Richard. "Miami Voice." *Washington Post,* 17 de julio, 1988.

Kosko, Andres. "Gloria Estefan: El doloroso camino de la fama." *Impacto Latin News,* 21 de julio, 1992.

Lacayo, Richard. "A Surging New Spirit." *Time,* 11 de julio, 1988.

McLane, Daissan. "The Power and the Gloria." *Rolling Stone,* 14 de junio, 1990.

Marz, Linda. "Throw the Switch on the Miami Sound Machine and Pop Go the Hit Singles." *People,* 27 de octubre, 1986.

Milward, John. "Gloria Estefan: Living in Two Worlds." *TV Guide,* 20 de enero, 1990.

Nash, Jesse. "For Gloria Estefan, Family, Friends and Work are 1-2-3 in Order of Importance." *New York Tribune,* 14 de septiembre, 1988.

ÍNDICE

REBECCA STEFOFF es una escritora y editora free-lance que vive en Portland, Oregon, y que ha publicado más de 40 libros de actualidad para jóvenes. Ha sido también directora editorial de las series de Chelsea House PLACES AND PEOPLE OF THE WORLD (Lugares y pueblos del mundo) y LET'S DISCOVER CANADA (Conozcamos Canada). Stefoff recibió los títulos de M.A. y Ph.D. con especialidad en literatura inglesa de la Universidad de Pennsylvania donde enseñó durante tres años.

RODOLFO CARDONA es Profesor de Español y Literatura Comparada de la Universidad de Boston. Investigador de renombre, ha escrito muchas obras de crítica, incluyendo *Ramón, a Study of Gómez de la Serna and His Works* (Ramón, un estudio de Gómez de la Serna y su obra) y *Visión del esperpento: Teoría y práctica del esperpento en Valle-Inclán*. Nació en San José, Costa Rica, hizo su licenciatura y maestría en la Universidad del Estado de Louisiana y recibió un Doctorado en Filosofía y Letras en la Universidad de Washington. Ha enseñado en la Universidad de Case Western Reserve, la Universidad de Pittsburgh, la Universidad de Texas en Austin, la Universidad de New Mexico y la Universidad de Harvard.

JAMES COCKCROFT es actualmente Profesor Visitante de Estudios Latinoamericanos y del Caribe de la Universidad de Nueva York en Albany. Tres veces ganador de la beca Fullbright, recibió su doctorado de la Universidad de Stanford y ha enseñado en la Universidad de Massachusetts, la Universidad de Vermont, y la Universidad de Connecticut. Es autor o co-autor de numerosos libros sobre asuntos latinoamericanos, incluyendo *Neighbor in Turmoil: Latin America* (Vecinos en confusión: La América Latina), *The Hispanic Experience in the United States: Contemporary Issues and Perspectives* (La experiencia hispana en los Estados Unidos: Problemas y perspectivas del momento), y *Outlaws in the Promised Land: Mexican Immigrant Workers and America's Future* (Foragidos en la tierra prometida: Obreros inmigrantes mexicanos y el futuro de América).